關公崇拜
溯源

胡小偉 —— 著

從蜀國名將到關聖帝君，
所謂「神蹟」是演義虛構還是真有其事？

認識關羽傳說的虛與實，就從這本開始！

既是英雄好漢的榜樣，更是文人雅士心中的出眾儒將

馬奔赤兔翻紅霧，刀偃青龍起白雲……
歷觀史記英雄將，誰似雲長白馬功？

儒雅知文，夜讀春秋，是他；
過關斬將，單刀赴會，也是他。

目錄

目錄 ─────────────

一個特立獨行的人（代序）

── 懷念胡小偉先生

　　我和胡小偉先生相識是在一九七五年。當時胡先生在秦皇島農村中學教書，我在河北師範學院教書 ── 原在北京的河北北京師範學院搬到河北宣化，校名去掉「北京」二字，成了河北師範學院；後又搬到石家莊，與河北師大合併成為新的河北師範大學。河北北京師範學院這個學校很老，最早可以追溯到順天府學堂（西元一九〇二年）和順天府高等學堂（西元一九〇七年）。這所學校在強手如林的在京高校中，也堪稱實力雄厚。以我所知的歷史專學而言，著名史學家賴家璧、李光度、胡如雷、苑書義等都在該校任教，中文系有著名語言學家朱星。胡小偉是在這裡畢業的。他在秦皇島教書時，想調到宣化的河北師院工作，但沒有實現。他的同學錢競在那裡講授文藝理論，與我是同事。他來找錢競，我們自然就認識了。印象中他說話嗓門很大，常常哈哈大笑。蘇叔陽先生是他和錢競的大學班主任，我的大學校友，蘇叔陽比我高兩屆。我與蘇叔陽在一九六七年認識，當時是「文化大革命」中，首都大專院校有所謂「天派」和「地派」，兩派各編排演出一臺大歌舞劇互相爭勝，都是模仿《東方紅》大歌舞劇的架勢。參加創作和演出的都是各校師生，創作、排練都在北京體育學院的場館和宿舍。我和同學 ── 人大中文系學生左正一起參加「天派」大歌舞創作，蘇叔陽先生，還有楊金亭先生（後任《詩刊》副主編、中華詩詞學會顧問）作為河北北京師院中文系老師也參加創作組。我們以此結為朋友，這是一層關係；

代序

一九七四年我到宣化的河北師範學院教書，與在那裡工作的錢競成了同事，又認識了他的同學胡小偉，這又是一層關係。掐指一算，五十多年過去了。現在錢競、小偉、蘇叔陽及左正（後為作家）四位朋友都駕鶴西去，正是「知交半零落」，令人不勝唏噓！

胡小偉先生是一個什麼樣的人呢？胡先生去世的追思會我沒能參加，但我為追思會寫了四個字：「特立獨行」。他是個特立獨行的人，很特別、很自我，不在乎別人的看法、不在乎周圍的輿論。不管！就要做我胡小偉，認準一個方向往前走。在中國社會科學院文學研究所做關公文化研究是他的選擇。他認為關公文化是一個大題目，關公文化是中華民族精神的重要體現。經過艱苦的研究，在二〇〇五年出了五卷本的《中國文化史研究‧關公信仰研究系列》。在他的推動下，中國文物保護基金會成立關公專項基金管理委員會。關公文化研究的等級一下子提高了，從民間信仰進入學術領域，從文化愛好者的領域提高到學術研究領域。推動深入研究關公文化是他的重大貢獻。他的足跡遍及全國各地的關帝廟、老爺廟、文武廟，研究視野很寬廣，臺灣以及亞洲各國、俄羅斯、美國各地的關公信仰都進入考察範圍。凡是關公文化界的朋友都對他很崇敬。

研究關公，崇拜關公的人，自然也就濡染了關公的忠義、豪邁精神。這在小偉身上表現得很突出。他是一位很與眾不同的人。長期以來，文人之間缺乏包容，社會對與眾不同的人也缺乏包容。特別是「文化大革命」，好多人彼此之間都成了鬥爭關係、競爭關係，不是你上就是我下，甚至是你死我活。胡先生在個性上很強勢，但又顯現出與世無爭的態度，遇到矛盾就繞道走，絕不為自己爭什麼。當今工作、生活中最大的問題是房子和職位，但是他都置之度外。他從不去爭教職員工宿

舍，也不申報職稱。他家住海澱區人大萬泉河一帶，離辦公的地方很遠。學院在分宿舍，他不爭。天大的事啊，不爭！他的強勢是在自己認定的工作上付出艱苦努力，完成自己定下的任務，但同時在其他方面又與世無爭。這兩個很矛盾的面向，同時體現在胡先生身上。人活一輩子不容易，活出自我更不容易，多數人活不出自我。很多人是為了活給別人看。胡先生是活出自我的，至於你們怎麼看我我不在意。這是人生的一種境界。有人不理解，說你是否應該對別人的意見多少在意些、多少遷就些，社會就會對你怎麼樣怎麼樣，但那不是小偉的風格。人是多樣的，不能要求人人千篇一律，按同一個模式發展。如果每個人都能活出自我，就能極大發揮個人的創造性，創造性就會更豐富，社會就會更多彩。個性更張揚，貢獻就更大了。如果所有人的稜角都磨平了，所有的人都唱同個調、說同一種話，社會將會缺乏光彩。不是胡小偉需要退讓，而是大家都該充分展現己身性格，同時又能互相包容。展現自己特別的那一面。不是要人損人利己，妨礙別人，而是要充分發揮自己的特長和創造性，做有益於公眾、有益於文化傳承的事業。

一九七八年恢復考試制度，同時首次招收授予學位的研究生。我和錢競、小偉報考研究生，而且都被錄取了。來北京複試時，我竟然和小偉排在同一個隊伍裡等候體檢。那時真是有「科學的春天」的感覺。小偉與錢競在中國社科院研究生院研讀三年之後，進了社科院文學所。兩人再次同學，而且成了同事，後來都各有所成。我則是進入中國人民大學再學習，畢業後留校教書。當時這批研究生被戲稱為「黃埔一期」，是頗感榮耀的。「文革」十年，成千上萬的大學畢業生沒有繼續深造的機會，還有無數渴望進入大學學習的各級中學生。在激烈的競爭中能再回到學校讀書，是多麼不容易！這時蘇叔陽先生已經是著名作家。「文

革」期間他堅持創作不懈，寫小說、寫話劇，有時還寫首歌詞、作個小曲什麼的。但多年東奔西走，不得要領，不被認可，甚至挨罵。家人對他說你一天到晚寫劇本有什麼用？每天只能灰頭土臉地回家。這是老同學左正和我說的。粉碎「四人幫」，把一切顛倒的東西又翻轉過來了。蘇叔陽的話劇《丹心譜》一炮打響，創造力突然得以釋放，作品如井噴一般湧現。後來蘇先生不幸得了癌症，但他十分樂觀頑強，被譽為抗癌明星。差不多二十年吧，他還是活躍於各界，出席各種活動。我與蘇先生常常在不同場合見面，每次讚賞他生命力頑強之餘，也往往談到他的兩位高徒錢競和小偉。

「文革」十年，包括此前許多年，知識分子被視為資產階級，是接受改造的對象，整個社會氛圍不利於知識分子發展。小偉等這批人，大學畢業時分配工作的方針是「四個面向」：面向工礦、面向農村、面向部隊、面向邊疆。胡小偉到煤礦挖煤去了，跟他們的文學志趣遠離得不是一點半點！在艱難的環境下，這批人還滿懷理想，保有朝氣，真不容易。他們具有頑強的生活意志，越挫越勇，也是在這種環境下鍛鍊出來的。現在有部分年輕人缺乏奮鬥精神，躺平了。躺平是他們表達態度的一種方式，是一種特有的社會現象。我則希望現在的年輕人，能多少繼承一些老一輩努力進取的精神。老一輩知識分子不懈地追求自己的理想，經受長時期的磨礪和鍛鍊，也表現出他們那個時代的特點，透過自己的艱苦努力為社會、為時代作出了奉獻，多多少少都留下了一些東西。小偉、錢競、左正、蘇叔陽先生都離我們遠去了，一個時代也漸漸遠去了。我們今天懷念老朋友，同時也回顧那一段歷史，回顧這批人的思想、情懷，表現和成就，這在社會史上和文化史上也是值得給予關注和研究的。今天我們閱讀胡小偉的《關公崇拜溯源》，如果不僅僅是從

中得到對於關公文化的認知和思考，同時也能夠領會小偉先生那一代知識分子努力奮發的精神軌跡，那麼得到的收穫將會遠遠超越關公文化之外。

言不盡意。懷念胡小偉先生，祝賀《關公崇拜溯源》再版！

毛佩琦

二〇二一年十一月十一日

於北京昌平之壟上

代序

自序

　　出於個人學術興趣，我曾經花費二十年時間，尋求中國歷史上對於三國時代蜀將關羽崇拜文化的由來演進。

　　說來由於《三國志演義》及戲劇、說書的影響，對於關羽崇拜，幾乎人人都是「知其然，而不知其所以然」。作為歷史人物，關羽在正史《三國志》中得到的評價實在並不算高。陳壽曾批評他「剛而自矜」，「以短取敗，理數之常也」。但陳壽怎麼也不會料想到，千載以後關羽居然能壓倒群雄，晉升為整個中華民族「護國佑民」的神祇。明清間一度遍布全國城鄉的「關帝」廟宇，不但使劉備、曹操、孫權這些三國時代的風雲人物黯然失色，就連「萬世師表」的文聖人孔夫子也不得不退避三舍。清代史學家趙翼對此也頗不解，他曾歷數關羽崇拜的過程並感慨道：

　　神之享血食，其盛衰久暫亦皆有運數，而不可意料者。凡人之歿而為神，大概初歿之數百年則靈著顯赫，久則漸替。獨關壯繆在三國、六朝、唐、宋皆未有禋祀，考之史志，宋徽宗始封為忠惠公，大觀二年加封武安王，高宗建炎三年加壯繆武安王，孝宗淳熙十四年加英濟王，祭於當陽之廟。元文宗天曆元年加封顯靈威勇武安英濟王。明洪武中復侯原封。萬曆二十二年因道士張通元之請，進爵為帝，廟曰「英烈」，四十二年又敕封「三界伏魔大帝神威遠鎮天尊關聖帝君」，又封夫人為「九靈懿德武肅英皇后」，子平為「竭忠王」，子興為「顯忠王」，周倉為「威靈惠勇公」，賜以左丞相一員為宋陸秀夫，右丞相一員為張世傑。其道壇之「三界馘魔元帥」則以宋岳飛代，其佛寺伽藍則以唐尉遲

自序

恭代。劉若愚《蕪史》云：「太監林朝所請也。」繼又崇為武廟，與孔廟並祀。本朝順治九年，加封「忠義神武關聖大帝」。今且南極嶺表，北極塞垣，凡兒童婦女，無有不震其威靈者，香火之盛，將與天地同不朽。何其寂寥於前，而顯爍於後，豈鬼神之衰旺亦有數耶？[001]

其實所說並不確切，至少在北宋仁宗年代，關羽已經具有官方封祀了，續後再論。清代關廟中的這樣一副對聯，頗能概括關羽在中國傳統社會中的歷史文化地位和巨大影響：

儒稱聖，釋稱佛，道稱天尊，三教盡皈依，式瞻廟貌長新，無人不肅然起敬；

漢封侯，宋封王，明封大帝，歷朝加尊號，刬是神功卓著，真所謂蕩乎難名。

這是一個極有意思的現象，而且對審視中華民族的文化心理很有意義。說起來，在有關關羽的「造神」過程中，諸多文體，包括傳說、筆記、話本、戲曲、小說等，與民俗、宗教、倫理、哲學、制度互相影響，有著不可磨滅的功績。在某種意義上也可以說，關公是與中國古代小說、戲劇這些文體共相始終的一個形象。正是在這些人文因素的交互作用下，在清初文學中，關羽已被崇譽為集「儒雅」、「英靈」、「神威」、「義重」於一身，「做事如青天白日，待人如霽月光風」的「古今來名將中第一奇人」了。[002]

大約是「不識廬山真面目，只緣身在此山中」的緣故，盛行關公信仰的漫長時期中，歷代史家對於關羽崇拜的始末根由、曲折轉變，並沒

001　《陔餘叢考》卷三十五〈關壯繆〉。河北人民出版社 1990 年版，第 622 ～ 623 頁。
002　毛宗崗〈讀《三國志》法〉。

有認真的考探辨析。而近代文化斷裂後，中國文學史凡談論及此者，則率以「封建統治階級提倡」和「《三國演義》影響」為由，眾口一詞，幾成定論。美國匹茲堡大學社會學系主任楊慶堃（C. K. Yang）在一九六〇年代的專著《中國社會中的宗教——宗教的現代社會功能與其歷史因素之研究》被認為是以西方視角研究中國社會學的重要成果。在他擷取的全國八個代表性地區「廟宇的功能分配」中，就將關帝廟宇歸類為「C，國家」之「1，公民與政治道德的象徵」中「b，武將」一類，並論說道：

　　在當時全國性的人格神崇拜中，沒有比關羽更突出的了，關帝廟遍及全國。雖然這位西元三世紀的武將是作為戰神而被西方學者所熟知的，但就像大眾信仰城隍一樣，關公信仰造成了支持普遍和特殊價值觀的作用……神話傳說和定期的儀式活動，激勵著百姓對關公保持虔誠的信仰，使關公信仰得以不斷延續，歷經千年始終保持著其在民間的影響力。[003]

　　其實與文學史的說法相去不遠。從現在掌握的情況看，對於關公文化略近於現代方式的專題研究，是從一八四〇年由西方傳教士伯奇（Birch）的《解析中國之四：關帝保佑（Analecta Sinensia, No4:The kwan Te Paou Heum）》開始的。國際知名漢學家李福清（B. Riftin）就說：

　　關帝信仰這個題目並不是新的題目，有許多國家的學者從十九世紀中葉就開始專門討論這個問題。[004]

---

003 楊慶堃《中國社會中的宗教》（*Religion in Society: A Study of Contemporary Social Functions of Religion and Some of Their Hisorical Factiors*）范麗珠等譯，世紀出版集團‧上海人民出版社 2007 年版，第 155、157 頁。

004 〈關公傳說與關帝信仰〉，輯入《古典小說與傳說——李福清漢學論集》，中華書局 2003 年中譯本，第 61 頁。著者持贈，謹誌高誼。

自序

　　而中國人自己在現代意義上的研究，則以一九二九年容肇祖在廣州《民俗》雜誌發表的〈關帝顯身圖說〉為最早。1993 年饒宗頤在香港《明報月刊》上發表了一篇〈新加坡：五虎祠〉，副題則是「談到關學在四裔」。「關學」之說，無非強調此中關連甚多，內蘊豐厚，絕非僅持關帝廟或者《三國志演義》一端立論所可道盡的。

　　「文化研究」據說是當前現當代文學的研究熱點。但究竟何為「文化」，卻人言言殊，據說定義不下二百個。其實這本來是一個專有名詞，出自《周易·賁·象卦》的「觀乎天文，以察時變；觀乎人文，以化成天下」。日本人以此移譯源出拉丁文的 culture（詞根原意是耕種），也是來源於農耕文明，由此產生的歧義又多出一層。從先民說來，「文化」實際上應當是一個動詞。東漢《說文》言，「文，錯畫也」，「化，教行也」。「文」的本義就是「紋」，自然紋理和花紋帶給人美的感受，人們就樂意模仿。聖人所作的詩禮樂書也是美好的，人們如果也樂於模仿，那麼天下就都變得美好了。這就是以文治來教化天下的意思，道出了文化的親和力。後來又出現了對應的概念，比如劉向《說苑》：「凡武之興，為不服也，文化不改，然後加誅。」晉代束皙〈補亡詩·由儀〉說的：「文化內輯，武功外悠。」昭明太子蕭統注曰：「言以文化輯和於內，用武德加於外遠也。」[005] 又道出了文化的固有凝聚力問題。故唐代孔穎達《周易正義》解釋說：

> 言聖人觀察人文，則詩書禮樂之謂，當法此教而成天下也。

　　我認為，這才是今日文化學者亟應重視的核心問題。大概而言，文化現象雖然呈現出多元的狀況，但是價值體系——或者如唐君毅先生所謂民族「凝懾自固之道」——卻始終是「文化」問題的核心。當我

005　《昭明文選》卷十九。

們從多元聚焦到核心時，就是「文化研究」。這就是我對「文化」的理解，也是我研究關羽崇拜的主要旨趣和方法。

關羽崇拜豐富的文化內涵也引起了西方學者的興趣，同時引進了西方文化人類學的思考。美國學者魯爾曼（Robert Ruhlmann）在〈中國通俗小說與戲劇中的傳統英雄人物〉專章論述了關羽，認為他是一個「綜合型的英雄」。他既是武士，又是書生，並且具有帝王之相。他的故事說明了民間傳說與制度化宗教間的相互作用，也證明著故事文學中的英雄一旦受到官方崇拜，會再影響故事內容。由於這類英雄深入人心，也鼓勵官方設法把他們尊為值得推崇的行為楷模。但同時魯爾曼也陳述了他的困惑：

但關羽所代表的主要美德 —— 忠義事實上有多方面的涵義，彼此很容易糾纏不清，而成為解不開的死結。關羽的故事說明同時為父母、朋友、君王、國家和正義盡責是何等困難。儘管官方傳記編寫人做了解釋，這位英雄人物仍表現出人生的複雜。[006]

如果說他與楊慶堃還是從「制度性宗教」和「分散性宗教」兩個不同線索展開論述的，帶有「古典學派」風格的話，那麼近年美國芝加哥大學歷史系教授杜贊奇（Prasenjit Duara）在他著作的前言中，就已自我定位為「對民族主義和民族國家的後現代解釋」，強調「『國家政權建設』和『權力的文化網路（Culture nexus of power）』是貫穿全書的兩個中心概念，兩者均超越了美國歷史學和社會科學研究的思維框架 —— 現代化理論。」[007] 在利用一九四〇至一九四二年滿鐵株式會社的田野調

006　〈《三國志演義》研究、史論、小說、版本、影響〉，譯自《印第安納中國古典文學指南》。輯入（美）安德魯·羅《海外學者評中國古典文學》，濟南出版社 1991 年版，第 138 頁。
007　《文化、權力與國家 —— 1900～1942 年的華北農村》，江蘇人民出版社《海外中國研究叢書》之一種，王福明譯。1996 年版。

查對於中國華北農村調查的史料時,他曾設立專節討論關羽何以成為「華北地區的保護神」問題,且「從歷史的角度」對鄉村關羽崇拜進行追究,結論是:

鄉村菁英透過參與修建或修葺關帝廟,使關帝越來越擺脫社區守護神的形象,而成為國家、皇朝和正統的象徵……關帝聖像不僅將鄉村與更大一級社會(或官府)在教義上、而且在組織上連接起來。

其實關羽崇拜就正是中國傳統社會「國家政權建設」和「權力的文化網路」的交集點。杜氏還主張,儘管社會各階層對於關羽崇拜的理解闡釋或有不同,「卻在一個語義鏈(semantic chain)上連繫起來……特定的解釋有賴於這種語義鏈,並在這種語鏈中產生出它的『意動力(conative strength)』。」[008] 不過限於題目,他無法,也不可能將以關羽崇拜為中心的鄉社祭祀變遷整理明晰,更不用說價值體系的建構過程了。

明清兩代,關羽已經赫然成為國家神,統攝三教,流布全國。用句形象比喻來說,彷彿三根支柱搭成了一個屋頂。但今日宗教學界各自獨立,似乎並不清楚歷史上關羽人而神、神而聖的提升過程,反而將之視為「民間信仰」。一九九〇年代陸續出版了兩種《中國道教史》,一卷本為任繼愈主編,四卷本為卿希泰主編,都是國家級的社科基金專著,卻沒有用多少篇幅談及關羽崇拜。二〇〇七年我曾應香港道教學院邀請,去做過三週短期講學,也會晤了一些道教界的領袖人物。據他們說是國家宗教局將關公信仰定性為「民間崇拜」的。現在佛、道、儒三家各有門牆,都在擴張自己的影響,發揮積極社會功能,自然不錯。只是忘記甚至放棄了長時期來經過「三教圓融」,共同建立起來的國家 —— 民族信仰,不能不說是一個極大的遺憾。

008　同上,第 132 ～ 133 頁。

歷史學界也與此類似。海外華人史學家黃仁宇就表達過他的迷茫，在從現代軍事角度列舉了「失荊州」過程中關羽的種種失誤以後，他以為：

　　只有此書（按指陳壽《三國志》）之敘關羽，則想像與現實參半……以這樣的記載，出之標準的文獻，而中國民間仍奉之為神，祕密結社的團體也祀之為盟主，實在令人費解。[009]

　　其實就連開創乾嘉「樸學」先河的顧炎武，也同樣於此表示過疑問，他說：

　　今南京十廟雖有蔣侯，湖州亦有卞山王，而亦不聞靈響。而梓潼、二郎、三官、純陽之類，以後出而反受世人崇奉。關壯繆之祠至遍天下，封為帝君，豈鬼神之道，亦與時有代謝乎？

　　畢竟生活在「神道設教」的時代，緊接著他就找到了原因：

　　應劭言：平帝時，天地大宗已下及諸小神凡千七百所，今營寓夷泯，宰器闕亡。蓋物盛則衰，自然之道，天其或者欲反本也。而《水經注》引吳猛語廬山神之言，謂神道之事亦有換轉。[010]

　　信仰亦有代謝，本身就是歷史文化演進的正常形態。唯關羽信仰何以能夠「與時消息」，「與時偕行」，[011]經千載而不衰，歷六代而愈盛，似乎成為中國歷史文化一個不解之謎。

　　如果單以三國史籍立論，後世有關關羽的種種傳說故事自然是贗品，不勞分證。但「關羽崇拜」偏偏就是在這種情勢下歷代相沿，積微

009　黃仁宇《赫遜河畔談中國歷史》，北京三聯書店 1992 年版，第 56 頁。
010　欒保群、呂宗力校點《日知錄集釋》，河北花山文藝出版社 1992 年版，下冊，第 1348 頁。承校點者贈書，謹誌謝忱。
011　兩語實出《易經》。《易‧豐卦》言：「日中則昃，月盈則食，天地盈虛，與時消息。」又《乾卦‧文言》：「潛龍勿用，陽氣潛藏。見龍在田，天下文明。終日乾乾，與時偕行。」

見到，蔚成大觀的。其中傳說形態的產生、發展和變異，在不同時代呈現出不同的特點。陳寅恪在評審馮友蘭《中國哲學史》時，對於中國思想史曾有一段非常重要的議論，對我啟發頗大。他以為：

　　以中國今日之考據學，已足辨別古書之真偽。然而真偽者，不過是相對問題，而最要在能審定偽材料之時代及作者，而利用之。蓋偽材料亦有時與真材料同一可貴。如某種偽材料，若逕認為其所依託之時代及作者之真產物，固不可也。但能考出其作偽時代及作者，即據以說明此時代及作者之思想，則變為一真材料矣。中國古代史之材料，如儒家及諸子等經典，皆非一時代一作者之產物。昔人籠統認為一人一時之作，其誤固不俟論。今人能知其非一人一時之所作，而不知以縱貫之眼光，視為一種學術之叢書，或一宗傳燈之語錄，而斷斷致辯於其橫切方面，此亦缺乏史學之通識所致。[012]

　　本書即秉此宗旨，取法乎上。文學研究過去涉及這一課題，主要是從三國戲曲小說故事分析人物形象，或者是以民間敘事角度，從傳說入手探其流變。這當然都是必要的，但也只能反映出近現代關羽傳說的形態，而不能體現出歷史的傳承和曲折。作為一個長期的，影響廣泛的「活」信仰，關羽的形象從來沒有封閉、凝固在文字或傳說中，而是不斷發展變化。如何將各個不同時代的關羽形象，恰如其分地放置在具體生成的背景之中，凸現其變化的因果連繫，以及與同時代其他宗教、社會、民俗、政治、經濟等多種因素的互動影響，然後又如何展現在文學藝術之中，才是更富於挑戰性的課題。錢鍾書曾精闢剖析言：

　　人文科學的各個對象彼此係連，交互映發，不但跨越國界，銜接時代，而且貫穿著不同的學科。由於人類生命和智力的嚴峻局限，我們為

012　〈馮友蘭中國哲學史審查報告〉，輯入陳寅恪《金明館叢稿二編》，上海古籍出版社 1980 年版，第 248 頁。

方便起見，只能把研究領域圈得愈來愈窄，把專門學科分得愈來愈細。此外沒有辦法。所以，成為某一門學問的專家，雖在主觀願望上是得意的事，而在客觀上是不得已的事。[013]

我自知資質愚魯，屬於「生命和智力嚴峻局限」者，故須得另闢蹊徑，廣納百家，努力突破「圈得愈來愈窄」的研究範圍，也從不以某一學科的「專家」來標榜自己。蓋因關羽崇拜民間自有其傳承的渠道，包括千百年來口傳心授的法則祕訣從未載諸高文典冊者。本書引用的歷代方志，即是這一類饒有興味的證據。我的嘗試是在梳理材料，妥貼歸置的同時，進行「長時期」追蹤式描述。注重從典籍記載和民間資料（包括寺觀供奉和民俗崇拜方式）兩方面夾擊，並重視典籍之外的多重證據，突出關鍵時期的關鍵性的細節，力圖以多重證據求解這個隱藏著中華民族精神建構的「密碼」。

我所利用的「文本」也超出了傳統意義上的文字「典籍」。抱著對於歷史「了解之同情」，將地域民俗、歷代碑刻、造像藝術等亦作為歷史「文本」不可分割的部分，分別置於各自的時代地域環境之中，以便使上層「菁英」的論述回覆到當年的文化語境中，復原其本來面目。也許可以說，這是一種歷史文化的「重構」（Reconstruction）。這裡主要借鑑了歷史學「年鑑學派」[014]提出問題的方式，以便從關羽信仰的生成發展作為特定視角，在縱向上探索中國傳統價值體系的建構和發展過程，

---

013 〈詩可以怨〉，原文為作者 1980 年 11 月 20 日在日本早稻田大學文學教授懇談會上的講稿。見文祥、李虹選編《錢鍾書楊絳散文》，中國廣播電視出版社 1997 年版，第 226 ～ 227 頁。編者持贈，謹誌高誼。

014 「年鑑學派」是在 20 世紀初歐美新史學思潮的影響下，由跨學科的史學雜誌《經濟與社會史年鑑》創刊號在〈致讀者〉中闡明了自己的宗旨：打破各學科之間的「壁壘」，明確提出了「問題史學」的原則，要求在研究過程中建立問題、假設、解釋等程序，從而為引入其他相關學科的理論和方法奠定了基礎，如歷史人類學、人口史、社會史、生態文化地理史、心理學史以及統計史學、比較史學等，極大地拓展了研究領域。在繼承傳統和立意創新的基礎上重新認識歷史，對 20 世紀西方史學的發展產生了歷久不衰的影響。

自序

一如黃仁宇《萬曆十五年》橫向解剖晚明政治和財政遭遇到的困境。

　　這種剖析不免關涉一些歷史和文化研究的熱門問題，如中國社會分期、唐宋及明代的幾次社會轉型、江湖社會、神道設教、儒學與「政教合一」、中華各民族紛爭融合中的漢民族意識形成和發展、晚明商業社會的形成、滿族入關前崇拜關公的祕密等等問題，都無由迴避。故筆者也冒昧涉險，從關羽崇拜的形成發展角度提出了自己的看法。目的只是從特定視角剖析這一問題的癥結，或者試圖提出一種新的思路，並非擅作專業性結論。

　　這種研究必須建立在豐富詳實的史料基礎之上。中國獨有的地方志資料和歷代碑刻構成了對於中國歷史文化述說的另一條經緯線，提供了許多豐富生動的細節，足以彌補官修斷代史的缺失；而社會學提倡的「田野調查」，即透過實地考察在民間發現典籍失落的傳統，更是可遇難求的新奇體驗。比如一九九九年在香港《嶺南學報》發表的文章中，我曾揣測關羽後世的部分神力可能是從毘沙門天王的傳說中轉移過來的，或者說關公才是唐代毘沙門天王的真正傳承者，而不僅僅是道教神話中的「托塔天王李靖」，但苦無實證。二〇〇一年九月在河北蔚縣單堠村清代關廟的前檐上，卻赫然發現了清代民間匠人「托塔關公」的造像，證實了當初推斷不誤。人事天機，偶然湊泊，妙不可言。

　　釐清關羽崇拜的發展演變，曲折細微，並不是一個無關緊要的懷古思幽話題，而正是一個關涉「現代性」的大問題。中國曾在近代飽受凌辱，於艱難竭蹶之中開始了漫長的「現代化」歷程，對於歷史和傳統文化反躬自省當然是必要步驟。進入二十世紀，尤其是經歷了西方文明的兩次「世界大戰」以後，學者開始以相對平和的心態、目光審視人類的過去，提出了超越十九世紀盛行「西方文化優越論」的「四大文明中

心說」和「軸心時代」理論；並且發現中華文明所以有別，是由於西方經歷過多次文明「斷裂」，而中華文明則為連續性質的緣故。哈佛大學張光直教授曾有文論及於此。[015]「斷裂」和「連續」固然各有優長，但是一九八〇年代中國學術界響應此說，炒作得最熱烈的卻是兩個觀點：一個是「封建社會超穩定結構」說，用中華文明的「連續性」詮釋西方十八世紀提出的「中國停滯論」，還曾透過權勢運作和電視媒體的關注力量，成為學術界一時占據要津的聲浪；另一個是近年有論者提出的「暴君暴民交相亂」說，以此替代一九五〇年代盛行的「階級鬥爭」和「農民起義是推動中國歷史發展的動力」說。兩說的立論角度雖有不同，但均視中華文明的「連續性」為中國不幸之大因由。我與他們在學術立場上的最大區別就是著眼於「連續性」的合理成分，變「後現代」大批判開路之「解構」，為對歷史持「同情之理解」的「重構」。目的當然是為二十一世紀重建中華文明的價值體系，尋找可資利用的傳統文化資源。

　　歷史經驗證實，「現代化」的國家過程總是伴隨著國族（nation-state）凝聚力的增強而非消解，即便是在今日全球技術競爭和貿易開放的時代。而凝聚力則端賴整個民族對於歷史傳統的共同記憶和核心價值的整體認同來達到的。用美國學者安德森（Benedict Anderson）的話來說，就是：

　　即使每個人都承認國族國家是個「嶄新的」、「歷史的」現象……國族卻總是從一個無從追憶的「過去」中浮現出來。[016]

015　這是一個涉及考古、歷史及多種學科的問題。張光直的觀點著重表現在他〈連續與破裂：一個文明起源新說的草稿〉一文中（《九州學刊》第一期，1986 年 9 月），亦收入其著《中國青銅時代》第二集，臺北聯經出版有限公司，1990 年版。

016　《想像的共同體——民族主義起源及傳播的反響》（*Imagined Communities：Reflections on the Origin and Spread of Nationalism*，（revised edition，London，1991），臺灣時報書系中譯本，第 11 頁。

自序

　　民國初立，一度曾把關羽、岳飛列入國家武聖祀典。在一九三一至一九四五年的抗日戰爭時期，他們再次成為鼓舞中國人民前僕後繼，抵抗外侮，驅逐強寇的精神像徵。連繫到日人此刻何以會在華北進行大規模田野調查，日本學者何以會在同一時期集中發表相關研究論文，[017] 不啻一場學術文化戰線的無形爭鬥。其於現代中國的意義，也還需要今人重新審視和定位。

　　需要特別指出的是，中華民族百餘年前走上「近代化」道路時，就被誤導引入一個「反歷史」的文化盲區，這就是其缺少對於歷史文化價值體系和英雄榜樣的資源整合。歐洲中世紀「政教合一」，共同以《聖經》所載「六日創世」、「亞當夏娃」和「諾亞方舟」等傳說作為共同起源，本無所謂「民族 —— 國家」概念。由於缺乏文字記載，各民族歷史也端賴口頭流傳，形成歷史與文學的特殊複合體「史詩」（epic poetry），包括古希臘創世神話和歷史的《伊利亞特》（*ΙΛΙΑΣ*）、《奧德賽》（*ΟΔΥΣΣΕΙΑ*），統稱為「荷馬史詩」（Homeric epics）。在建立近代獨立的民族 —— 國家理念（nation-state）的過程中，歐洲不同民族謀求獨立自強，形成凝聚，就亟需建構自己民族「想像的共同體」（Imagined Communities）。而史詩作為各個民族的文化重要源頭，也受到特殊重視，所以才出現了「經典文學」（Classical Literature，後與當代創作區分，稱為古典文學）的名詞。當十九世紀用科技手段發掘出特洛伊城，被證實「荷馬史詩」包含著古希臘信史以後，歐洲紛紛動手在

017　前述杜贊奇著作大量引用了日本滿鐵株式會社 1940 ～ 1942 年的田野調查，而這一時期正是日本駐派遣軍在華北「掃蕩」，實行「三光政策」之時，不能謂之「巧合」。此外還有日比野丈夫博士〈關老爺〉（《東洋史研究》第六卷第二期）、井上以智為〈關羽祠廟の由來に變遷〉（《史林》第二十六卷，第 1 —— 2 號。1941 年）、大矢根文次郎〈關羽と關羽信仰（1 —— 4）〉（《東洋文化》，無窮會）都集中發表在這一時期的日本史學刊物上，頗不尋常。

民間獨立採集、整理本民族的史詩，作為共同記憶的源頭。如英格蘭《貝武夫》（*Beowulf*）、法蘭西《羅蘭之歌》（*La Chanson dc Roland*）、西班牙《熙德之歌》（*El Cantar del Mio Cid*）、日爾曼《尼伯龍根之歌》（*Nibelungenlied*）和俄羅斯《伊果遠征記》（*Слово ополку Игореве*）等。研究證實，這些「史詩」反映的歷史時段大多為八至十二世紀，其中表現的民族精神、價值觀念和英雄榜樣至今仍被視為具有凝聚力量的根本。

回顧十八世紀以來「現代化」過程，會發現不僅「開發中國家」強化了民族意識；「已開發國家」如德國、日本也無不竭力發掘本民族的歷史文化資源；新興國家如美國缺乏悠久的歷史文化資源，但卻強調歷史人物榜樣，樹立「愛國主義」典範。而價值觀念及其體系正是任何宗教、學術都注重的核心論題，也是形成民族凝聚力不可動搖的基石。可惜與此同時，中國「菁英」卻在詛咒歷史，辱罵祖先，自謂「一盤散沙」。恐怕這也是我們百年以來的步伐竟然走得如此艱難的原因之一吧。

今天重提中華民族的「文化紐帶（culture link）」，不能不正視並釐清歷史傳統的共同記憶，在分疏整理傳統價值體系中歸納總結，提煉出有益於維護國家統一和民族團結，增強中華民族凝聚力的精華，作為走向「現代化」國家民族的倫理資源。而「關羽成神」的漫長過程，正好就提供著前賢建構價值體系的線索。

經過二十年斷斷續續的努力，我的研究所得曾經析為《伽藍天尊》、《超凡入聖》、《多元一統》、《護國佑民》和《燮理陰陽》五部文集自費在香港少量出版，以徵詢海內外同道的意見。山東大學路遙教授得聞訊息，趁來京之便數度約談。經過慎重考慮，最後決定正式邀

自序

請我參與他主持的教育部哲學社會科學研究重大課題《民間宗教與中國社會》（04JZD00030），以《關公信仰與大中華文化》為題列在其中。

二〇〇八年七月應山西衛視之邀在太原錄製《精彩山西》系列節目時，又夤緣結識了胡曉青先生，蒙他盛意邀約出版一部簡約的中國版本。詩云：「嚶其鳴矣，求其友聲。」士感知己，義不容辭。遂將一得之慮敷衍成章，並將近兩年來思慮所得增補成文，添入本書，以進一步就教海內外同道。

從現在掌握的史料研究看來，一千多年關公信仰的發展呈現著「米」字型態，融會前此種種，包含後來種種。其中至為重要的「十」字型的交會點應集中在宋元之際，高潮在晚明，巔峰則在清末。本文敘述限於篇幅，不得不刪去一些相關背景的考探論述。刈除枝蔓，保留主幹的同時，也盡量以時間順序為經，民族、社會階層及信眾群體為緯，交織相生。

略述主旨，以為自序。

第一章
《三國志》及裴注辨析

三家奪荊州

「大意失荊州」與「敗走麥城」都是今天人們熟知的口頭俗語，不但是歷史人物關公「大義歸天」之由，也是後世信仰關公者永生之痛。「大意」二字既有惋惜之情，又兼批評之意，可謂得《春秋》「婉而諷」之旨矣。其實此種說法值得辨析。究其原因，後之論說者恆以《三國志·關羽傳》列舉關羽敗死之由時，曾說他「罵使拒婚」：

先是權遣使為子索羽女，羽罵辱其使，不許婚，權大怒。

又，裴松之注語亦引《典略》謂：

羽圍樊，權遣使求助之，敕使莫速進，又遣主簿先致命於羽。羽忿其淹遲，又自已得于禁等，乃罵曰：「貉子敢爾，如使樊城拔，吾不能滅汝邪！」權聞之，知其輕己，偽手書以謝羽，許以自往。

凡此種種，都指責他嚴重傷害了孫權自尊和孫劉策略同盟關係。故陳壽評贊中批評關羽「剛而自矜」，「以短取敗，理數之常也」。

但是，歷史真相果然如此嗎？

二〇〇一年中國社科院與臺灣民主基金會、世界龍崗親義總會聯合召開河北涿州《中國歷史文化中的關羽》學術研討會，我獲邀準備論文時偶然發現《宋書·樂志》輯存了一批三國時代魏、吳、晉軍樂歌辭，其中吳鼓吹曲〈關背德〉和〈通荊門〉應是吳人有關掩襲關羽，奪得荊州，深刻影響三國格

四庫本《宋書·樂志四·關背德》書影。其中遵照乾隆四十一年上諭，「關羽」已經改稱「關侯」。這樣重要的歷史資料，居然從具有「歷史癖」和「考據癖」的四庫館臣如紀昀者流眼皮底下「走私」而過，也是怪事。

局及其後續發展的第一手材料。如判斷不誤,其於荊州易手和蜀、吳關係的敘說,且早於《三國志》及其採用的史料。而就筆者目力所及,似乎從來未曾納入研究關羽甚至三國文史學者的視線;治南北朝文學史的專家也未紹介,甚至歷代小說話本敷衍三國志者亦未見利用,成為滄海之遺珠,甚為駭怪。所以不避固陋,草成〈吳鼓吹曲《關背德》、《通荊州》看三國歷史上的荊州之爭〉一文[018],辨析於此。

〈關背德〉辭全文是:

〈關背德〉者,言蜀將關羽背棄吳德,心懷不軌。大皇帝引師浮江而禽之也。〈漢曲〉有〈巫山高〉,此篇當之。第七。

關背德,作鴟張。割我邑城,圖不祥。稱兵北伐,圍樊襄陽,嗟臂大於股,將受其殃。巍巍吳聖主,睿德與玄通。與玄通,親任呂蒙。泛舟洪泛池,泝涉長江。神武一何桓桓,聲烈正與風翔。歷撫江安(校點注:當作「公安」)城,大據郢邦。虜羽授首,百蠻咸來同,盛哉無比隆。

右《關背德》曲,凡二十一句。其八句句四字,二句句六字,七句句五字,四句句三字。

首先令人奇怪的是,吳人何能謂「關背德,作鴟張」、「背棄吳德,心懷不軌」呢?難道關羽對孫吳負有什麼義務和責任嗎?

試思吳人所謂「背德」,一或指「罵使拒婚」一事。蓋「和親」之舉本師兩漢之故技,孫權亦素擅結婚姻以自固,最有名的是以幼妹配婚劉備。「群下推先主為荊州牧,治公安。權稍畏之,進妹固好。先主至京見權,綢繆恩紀。」[019] 至今梨園猶在搬演《回荊州》單折或《龍鳳呈

018　輯入盧曉衡主編《關羽、關公和關聖》,中國社科文獻出版社 2002 年 1 月出版。
019　《蜀書‧先主傳》。又《吳書‧孫破虜討逆傳》言孫堅四子:「策、權、翊、匡」。《嬪妃傳》,權母吳氏「生四男一女」。又「吳主權步夫人,臨淮淮陰人也……以美麗得幸於權,寵冠後庭。生二女:長曰魯班,字大虎,前配周瑜子循,後配全琮;少曰魯育,字小虎,前

祥》全本之劇目，正是說此。不大為人所知的，則是早在孫策時代已與曹操結親，[020] 但這並不妨礙他們日後在赤壁和濡須打得死去活來。此外魏、吳又曾出於得失利害的考慮，意欲再續前緣：

二十二年春，權令都尉徐詳詣曹公請降，公報使修好，誓重結婚。[021]

《吳書·顧雍傳》注引吳人載記之《吳書》，亦言官渡之戰後孫權聞曹操有東向之意，遂遣顧雍之弟顧徽使北，誇耀江東國富兵強，曹操還曾重拾這個話題：

操曰：「孤與孫將軍一結婚姻，共輔漢室，義如一家，君何為道此？」徽云：「正以明公與主將義固盤石，休戚共之，必欲知江表消息，是以及耳。」

據《吳書·呂蒙傳》，建安二十二年（西元二一七年）魯肅新卒，孫、呂密議即以「奪荊州，圖關羽」為吳之國策。可見孫氏「許婚」魏、蜀，並非和親以結永好，不過是試探，以安曹操、關羽之心而已。

吳人所謂「背德」，二或指荊州是否屬「借」。此事之是非曲直，自裴松之注《三國志》前後已議論不止，尤以宋明理學諸儒連篇累牘，嘵嘵不休。時過境遷，亦不必深論。[022] 但曲中分明表現出對關羽「稱兵

配朱據，後配劉纂。」則孫權之女俱有「虎」名，關羽不應獨擅。

020　曹操為了結好孫策，曾經謀劃過一套政策，其中重點就是親親：「是時袁紹方強，而策並江東，曹公力未能逞，且欲撫之。乃以弟女配策小弟匡，又為子章取賁女，皆禮辟策弟權、翊，又命揚州刺史嚴象舉權茂才。」（《吳書·孫破虜討逆傳》）按孫賁為孫堅兄子，一度追隨袁術，「值術僭號，署置百官。除賁九江太守。賁不就，棄妻孥還江南。」又孫策平定江南諸郡時，孫權年猶十五，這門雙方家長為利而訂下的親事，後果可知。

021　《三國志·吳主傳》。

022　如北宋唐庚《三國雜事》卷一已認為此說含混：「漢時荊州之地為郡者七，劉表之歿，南陽入於中原，而荊州獨有南郡、江夏、武陵、長沙、桂陽、零陵。備之南奔，劉琦以江夏從之，其後四郡相繼歸附，於是備有武陵、長沙、桂陽、零陵之地。曹仁既退，關羽、周瑜錯處南郡，而備領荊州牧，居公安，則六郡之地，備已悉據之矣。其所以云『借』者，猶韓信之言『假』也，雖欲不與，得乎？魯肅之議，正合良、平躡足之幾，而周瑜獨以為不然。

北伐，圍樊襄陽，嗟臂大於股，將受其殃」的焦慮擔憂，倒是真實地反映了孫權、呂蒙等人的心境。其實正當關羽「威震華夏」，曹操集團商議欲遷都以避其銳時，蔣濟就曾提出了反對意見：

> 于禁等為水所沒，非戰攻之失，於國家大計未足有損。劉備、孫權，外親內疏，關羽得志，權必不願也。可遣人勸躡其後，許割江南以封權，則樊圍自解。[023]

可知策略中最難防範的，就是盟友之間的蓄意背叛。關羽北伐強敵得手，卻令東鄰之「盟友」食不甘味，寢不安席，已是「同盟」者之間的咄咄怪事；而該曲強拽此事，與「背德」與否，前後踵繼，卻毫無邏輯關係，就更顯得牽強了。

倒是「臂大於股，將受其殃」的比喻，反映出吳人視荊襄為立國基礎（「股」），視西蜀為屏藩奧援（「臂」）的固有心態，以及對關羽北伐勝利會打破暫時均勢的深刻憂慮。在《吳書·諸葛瑾傳》敘失荊州後劉備舉兵伐吳，瑾致書孫權責備劉備云云時，裴氏曾按捺不住，引人注目地加了一個注：

> 臣松之云：以為劉後以庸蜀為關河，荊楚為維翰，關羽揚兵沔、漢，志陵上國，雖匡主定霸，功未可必，要為威聲遠震，有其經略。孫權潛包禍心，助魏除害，是為翦宗子勤王之師，紓曹公移都之計，拯漢之規，

屢勝之家，果不可與料敵哉。」清代史家，常熟人趙翼《陔餘叢考》總結諸說，結論就是：「『借荊州』之說之所由來，而皆出於吳人語也。」

023　《三國志·魏書·蔣濟傳》。又《晉書·宣帝紀》亦言：「蜀將羽圍曹仁於樊，于禁等七軍皆沒，修、方果降羽，而仁圍甚急焉。是時漢帝都許昌，魏武以為近賊，欲徙河北。帝（按指司馬懿）諫曰：『禁等為水所沒，非戰守之所失，於國家大計未有所損，而便遷都，既示敵以弱，又淮沔之人大不安矣。孫權、劉備，外親內疏，羽之得意，權所不願也。可喻權所，令掎其後，則樊圍自解。』魏武從之。權果遣將呂蒙西襲公安，拔之，羽遂為蒙所獲。」字句相同，或者兩人意見本同，而《晉書》參照過《三國志》寫法。

於茲而止。義旗所指，宜其在孫氏矣。（諸葛）瑾以大義責（劉）備，答之何患無辭？且（劉）備（關）羽相與，有若四體，股肱橫虧，憤痛已甚，豈此奢闊之書所能回駐哉？載之於篇，實為辭章之費。

直接出面指責孫權，開啟了朱熹以孫權為「漢賊」的先河，索性連陳壽都罵進去了。裴氏對荊州歸屬及孫權奪荊州、殺關羽的看法，也於此暴露無遺。裴松之（西元三七二年至四五一年）為劉宋時人，實較最初《宋書‧樂志》著錄二曲，並加案語之蕭梁時人沈約（西元四四一年至五一三年）稍早，故錄以備考。

按孫權耿耿於荊州之未據，蓋已有年。今觀《三國志‧吳書》諸傳，周瑜臨終前與孫權書信中已點透了此題：

劉備寄寓，有似養虎。天下之事，未知終始，此朝士旰食之秋，至尊垂慮之日也。[024]

吳之文武要員圖謀關羽而見之於史載的人，除呂蒙之外尚有陸遜[025]、全琮[026]、是儀[027]等人。可知當時吳之君臣心腹大患不在洛陽曹操，而在荊州關羽。

024　《三國志‧吳書‧周瑜傳》注引《江表傳》。

025　《三國志‧吳書‧呂蒙傳》：陸遜對呂蒙言：「羽矜其驍氣，凌轢於人，始有大功，意驕志逸，但務北進，未嫌於我，有相聞病，必益無備。今出其不意，自可禽制。」蒙則曰：「外自韜晦，內察形變，然後可克。」遜語為陳志評價關羽的依據之一，但也明確表示相信關羽志在北上，對於孫吳並無威脅。可知吳人早已深知「出其不意」偷襲荊州的結果，必然會破壞北伐曹魏、恢復漢室的目的。

026　《三國志‧吳書‧全琮傳》言，琮曾上書陳羽可討之計。孫權「恐事泄，故寢琮表不答。及禽羽，置酒公安，顧謂琮曰：『君前陳此，孤雖不相答，今日之捷，抑亦公之功也。』於是封陽華亭侯。」

027　《三國志‧吳書‧是儀傳》：「呂蒙圖襲關羽，權以問儀，儀善其計，勸權聽之。從討羽，拜忠義校尉。」

「大意失荊州」？

至於關公是否因「大意」而失守荊州，也有很多質疑。

首先關羽在出師北伐之時，並沒有忘記防範東吳。《三國志·吳書·呂蒙傳》言：吧

後羽討樊，留兵將備公安、南郡。蒙上疏曰：「羽討樊而多留備兵，必恐蒙圖其後故也。蒙常有病，乞分士眾還建業，以治疾為名。羽聞之，必撤備兵，盡赴襄陽。大軍浮江，晝夜馳上，襲其空虛，則南郡可下，而羽可禽也。」遂稱病篤，權乃露檄召蒙還，陰與圖計。羽果信之，稍撤兵以赴樊。

又《呂蒙傳》注引韋昭《吳書》：

將軍士仁在公安拒守，蒙令虞翻說之。翻至城門，謂守者曰：「吾欲與汝將軍語。」仁不肯相見。乃為書曰：「明者防禍於未萌，智者圖患於將來。知得知失，可與為人；知存知亡，足別吉凶。大軍之行，斥候不及施，烽火不及舉，此非天命，必有內應。將軍不先見時，時至又不應之，獨守縈帶之城而不降，死戰則毀宗滅祀，為天下譏笑。呂虎威

荊州古城。據近年考古發掘證實，現存磚砌明清古城牆的城基夯土細緻密實，尤為漢魏故跡。而據文獻記載，當時重築荊州城垣者唯有關羽。

欲徑到南郡，斷絕陸道，生路一塞，案其地形，將軍為在箕舌上耳！奔走不得免，降則失義。竊為將軍不安，幸熟思焉。」仁得書，流涕而降。翻謂蒙曰：「此譎兵也，當將仁行，留兵備城。」遂將仁至南郡。南郡太守糜芳城守，蒙以仁示之，遂降。

可見吳軍本來是借兩軍同盟，不禁物資交流之便，故假扮商賈，騙過斥候，「白衣渡江」；虞翻再以失職之罪，生死之抉，要挾公安守將傳士仁，然後再下江陵城的。[028]

又《吳書·虞翻傳》復言：

後蒙舉軍西上，南郡太守糜芳開城出降。蒙未據郡城，而作樂沙上。翻謂蒙曰：「今區區一心者，糜將軍也。城中之人，豈可盡信？何不急入城，持其管鑰乎？」蒙即從之。時城中有伏計，賴翻，謀不行。

如果此言可信，則荊州守軍也曾試圖反抗過。虞翻兩度立功，也是他進入荊州城後恣意嘲弄于禁，忘形得意的資本。

其實關羽是否「大意失荊州」，宋人的認知於此就不一致。如北宋曾公亮主編的實戰兵書《武經總要·前集》卷四就以為：

所謂實而備之者，關羽討樊，多留兵備公安、南郡是也。

認為關羽在防範孫權方面並無疏忽。「大意失荊州」其實源於朱熹的一個說法。由於南宋理學正統觀急於帝蜀，同時推崇諸葛亮輔佐劉蜀銳意北伐，「興復漢室」的不世殊勳，稱得上「古今完人」。既如此，則於導致蜀漢未克全功的「荊州之失」，總要在孔明、關羽之間找出一個「罪魁禍首」來，就面臨兩難選擇。恰好陳壽批判過關羽「善待卒伍而驕於士大夫」，頗類南渡以後的驕鎮悍將；而諸葛亮與劉備「魚水之歡」，唐朝以來就是儒士豔羨的「君明臣賢」典型。故南宋儒士以「恃才疏鹵」之名，將「失荊州」的責任盡歸關羽。朱熹認為：

028 《三國志·蜀書·鄧張宗楊傳》注引《季漢輔臣贊》道及關羽部下降將諸將：「糜芳字子方，東海人也，為南郡太守。（傳）士仁字君義，廣陽人也，為將軍，住公安。統屬關羽，與羽有隙，叛迎孫權。郝普字子太，義陽人。先主自荊州入蜀，以普為零陵太守。為吳將呂蒙所譎，開城詣蒙。潘濬字承明，武陵人也。先主入蜀，以為荊州治中，典留州事，亦與關羽不穆。孫權襲羽，遂入吳。」

先主不忍取荊州，不得已而為劉璋之圖。若取荊州，雖不為當，然劉表之後，君弱勢孤，必為他人所取；較之取劉璋，不若得荊州之為愈也。學者皆知曹氏為漢賊，而不知孫權之為漢賊也。若孫權有意興復漢室，自當與先主協力並謀，同正曹氏之罪。如何先主才整頓得起時，便與壞倒！如襲取關羽之類是也。權自知與操同是竊據漢土之人。若先主事成，必滅曹氏，且覆滅吳矣。權之奸謀，蓋不可掩。平時所與先主交通，姑為自全計爾。

或曰：「孔明與先主俱留益州，獨令關羽在外，遂為陸遜所襲。當時只先主在內，孔明在外如何？」

曰：「正當經理西向宛洛，孔明如何可出？此特關羽恃才疏鹵，自取其敗。據當時處置如此，若無意外齟齬，曹氏不足平。兩路進兵，何可當也！此亦漢室不可復興，天命不可再續而已，深可惜哉！」[029]

從疑者提問的角度看來，諸葛何以沒有親鎮荊州，也是當時檢討「荊州之失」責任的普遍疑問之一。

蘇軾早年論及孔融，嘗有「世之稱人豪者，才氣各有高卑，然皆以臨難不懼，談笑就死為雄。操以病亡，子孫滿前而咿嚘涕泣，留連姜婦，分香賣履，區處衣物。平生奸偽，死見真性。世以成敗論人，故操得在英雄之列」之說。[030] 元儒承接此說論及孔明，也有「（曹）操之臨死，何為而咿嚘涕泣？畏諸葛也。分香賣履，有求為黔首不得之念……視公如龍，視操如鬼之論，信矣！雖然，亦不都荊州之失也。」[031] 的說法，認為〈隆中對〉沒有把荊州作為北伐根據地，是一個疏失，而非關

029 《朱子語類》卷一百三十六〈歷代三〉。
030 《東坡全集》卷九十四〈孔北海贊〉。
031 陳彥高《北軒筆記》，江蘇廣陵刻印社影印上海進步書局《筆記小說大觀》本第五輯第十冊，第 344 頁上。

羽之過。故元至治《三國志平話》敘及「失荊州」事,尚無關羽「大意」的說法。後來理學正統觀念經由元、明成為儒學共識之後,此說開始占據上風。復緣明代《三國志演義》整理諸儒以宋明理學史觀匡正前說,遂使關羽長期背負「大意失荊州」之名。即使關公受到全民崇拜,封王封帝,儒生仍不改其讖。以至發為「演義」,凝為成語,家傳戶誦,至今未已。

清代對於關羽尊崇已達於斯極,「乃文乃武,乃聖乃神」。乾嘉學派著名考論史家,常熟人趙翼曾條分縷析,總結諸說,以《三國志》記述為據,從四個方面分析了「借荊州」說法的謬誤,認為:第一是此說「皆出吳人事後之論」:

「借荊州」之說,出自吳人事後之論,而非當日情事也。《江表傳》謂:破曹操後,周瑜為南郡太守,分南岸地以給劉備,而劉表舊吏士自北軍脫歸者,皆投備,備以所給地不足供,從孫權借荊州數郡焉。〈魯肅傳〉亦謂:備詣京見權,求都督荊州,肅勸權借之共拒操。操聞權以地資備,方作書,落筆於地。後肅邀關羽索荊州,謂羽曰:「我國以土地借卿家者,卿家軍敗遠來,無以為資故也。」權亦論肅有二長,唯勸吾借玄德地,是其一短。此「借荊州」之說之所由來,而皆出吳人語也。

第二是荊州主權原為劉氏父子所有,而不在孫氏。孫氏所以參加赤壁之戰,目的只是為了借盟自保:

夫「借」者,本我所有之物,而假與人也。荊州本劉表地,非孫氏故物。當操南下時,孫氏江東六郡,方恐不能自保,諸將咸勸權迎操,權獨不願。會備遣諸葛亮來結好,權遂欲藉備共拒操,其時但求敵操,未敢冀得荊州也。亮之說權也,權即曰:非劉豫州,莫可敵操者。乃遣

周瑜、程普等隨亮詣備，併力拒操。（〈諸葛亮傳〉）是且欲以備為拒操之主，而己為從矣。又曰：將軍能與豫州同心破操，則荊、吳之勢強，而鼎足之形成矣。是此時早有「三分」之說，而非乞權取荊州而借之也。赤壁之戰，瑜與備共破操。（《吳志》）華容之役，備獨追操。（《山陽公載記》）其後圍曹仁於南郡，備亦身在行間。（《蜀志》）未嘗獨出吳之力，而備坐享其成也。

第三是劉備才被曹操視為敵手，故赤壁戰後孫權仍然竭力拉攏劉備以自固：

破曹後，備詣京見權，權以妹妻之。瑜密疏請留備於京，權不納，以為正當延攬英雄，是權方恐備之不在荊州以為封鎖也。操走出華容之險，喜謂諸將曰：「劉備，吾儔也，但得計少晚耳。」（《山陽公載記》）是操所指數者唯備，未嘗及權也。程昱在魏，聞備入吳，論者多以為權必殺備，昱曰：「曹公無敵於天下，權不能當也。備有英名，權必資之以御我。」（〈程昱傳〉）是魏之人亦只指數備，而未嘗及權也。即以兵力而論，亮初見權曰：「今戰士還者及關羽精甲共萬人，劉琦戰士亦不下萬人。」而權所遣周瑜等水軍，亦不過三萬人，則亦非十倍於備也。

第四是劉備承襲荊州牧後南征四郡，孫氏亦未有異議：

且是時，劉表之長子琦尚在江夏，破曹後，備即表琦為荊州刺史，權未嘗有異詞，以荊州本琦地也。時又南征四郡，武陵、長沙、桂陽、零陵皆降。琦死，群下推備為荊州牧。（〈蜀先主傳〉）備即遣亮督零陵、桂陽、長沙三郡，收其租賦，以供軍實。（〈諸葛亮傳〉）又以關羽為襄陽太守、蕩寇將軍駐江北。（〈關羽傳〉）張飛為宜都太守、征虜將軍在南郡。（〈張飛傳〉）趙雲為偏將軍領桂陽太守。（〈趙雲傳〉）

遺將分駐，唯備所指揮，初不關白孫氏，以本非權地，故備不必白權，權亦不來阻備也。

第五是「三分鼎立」大勢已定，劉備集團不僅立足有據，而且擴張迅捷，吳人始有「吃虧」感覺：

迫其後三分之勢已定，吳人追思赤壁之役，實藉吳兵力，遂謂荊州應為吳有，而備據之，始有「借荊州」之說。抑思合力拒操時，備固有資於權，權不亦有資於備乎？權是時但自救危亡，豈早有取荊州之志乎？羽之對魯肅曰：「烏林之役，左將軍寢不脫介，戮力破曹。豈得徒勞無一塊壤？」（〈魯肅傳〉）此不易之論也。

最後結論是「借荊州」之說為吳人事後的「狡詞詭說」，流為歷史「耳食之論」的：

其後吳、蜀爭三郡，旋即議和，以湘水為界，分長沙、江夏、桂陽屬吳，南郡、零陵、武陵屬蜀，最為平允。而吳君臣伺羽之北伐，襲荊州而有之。反捏一「借荊州」之說，以見其取所應得。此則吳君臣之狡詞詭說，而「借荊州」之名遂流傳至今，並為一談，牢不可破，轉似其曲在蜀者，此耳食之論也。[032]

而鼓吹曲〈關背德〉中，清楚展現了對關羽「稱兵北伐，圍樊襄陽，嗟臂大於股，將受其殃」的焦慮擔憂，並且真實地反映了孫權、呂蒙等人的心境，可為趙翼辨析增添有力證據。

此後有人重新追究當年「荊州之失」，清人矛頭開始對準諸葛亮。如乾隆時姚範就說呂蒙「襲江陵」，陸遜「守峽口以備蜀，而蜀人當時之疏忽如此。吳人之眈眈於荊州，而忌關羽之成功，不待智者而知，

032　趙翼《二十二史劄記》卷七，中華書局校證本，第139～140頁。

而當時（蜀君臣）若付之度外……蜀之謀士，當不若如是之疏，陳氏（壽）或不能詳耳」。道咸時黃恩彤也言「蜀之君臣，但喜其（羽）勝，不虞其敗」。呂蒙、陸遜「用奇兵而蜀不防」。曹操前後共遣徐晃等十二余軍以救樊城，「而蜀不聞遣將，增一旅以援羽……豈非失事機也哉！」[033] 但是文人私語畢竟抵不過《三國志演義》的流行，所以「大意失荊州」之說仍然占據上風。[034]

　　近年中國社科院歷史研究所研究員，原中國魏晉南北朝史學研究會會長朱大渭撰文認為：關羽不僅派糜芳、傅士仁駐守江陵、公安（其中公安城就是劉備修築，專門用來防備孫權集團的），又在附近沿江設置了「屯候」（彷彿長城防衛的煙墩），以便隨時偵察動向，及時報告消息。沿江屯候、公安、江陵內外套城，實際上已經形成了防備孫權的四道防線。而且江陵距樊城前線只有一百八十公里，當時輕騎一日一夜行三百里，只需一天多就能趕回。因此在關羽看來，對吳國的防範可說是萬無一失。他還進一步認為，「失荊州」的真正原因在於諸葛亮〈隆中

033　《三國志集解·關羽傳》引黃恩彤、姚範語。按姚範（1702～1771）字南青，號姜塢，桐城（今屬安徽安慶）人。乾隆進士，官翰林編修。有《援鶉堂文集》、《援鶉堂筆記》等。黃恩彤（1801～1883）字綺江，寧陽（今屬山東泰安）人。道光進士，歷任署理江寧布政使、廣東巡撫等職。參與議訂中英《南京條約》，以「議和有功」授二品銜。最近上海大學歷史系朱子彥先後發表〈諸葛亮擇主與拜相再認識〉（《東嶽論叢》2004年第五期）、〈二談諸葛亮借刀殺關羽〉、〈三論蜀假吳人之手殺關羽〉（分別載《探索與爭鳴》2005年第4、第8期），發揮章太炎《訄書》提出的「葛氏假手於吳人，以隕關羽之命」及方詩銘認為是劉備要翦鋤關羽，理由是關羽驕橫跋扈，「不但易代（即劉備死後）之後將難於控制，即劉備健在之時也覺得難以指揮」等說法，又引起一輪新的爭議。此不枝蔓，有興趣的讀者自可查詢。

034　在《三國志演義》整理過程中，「大意失荊州」的細節描寫也各有側重。如嘉靖修髯子序本描述得到陸遜卑詞諛語書信之後，「關公看畢大喜，仰面大笑，令左右收了禮物，管待來使。使回見陸遜曰：『關公忻喜，無復憂江東之意也。』遜大喜，密差人探得關公果然撤荊州之兵大半，赴樊城聽調，只待箭瘡疼可，便欲進兵。」最為直白。李卓吾評本則借「陸遜曰：『關公倚恃英雄，自料無敵，必敗於人。』」後又引「靜軒有詩曰：江東窩窟索荊州，關將英雄獨欠謀。可惜荊州歸異姓，孔明緣少機籌。」各自五十大板。鍾伯敬、李漁評本則逕自惋惜「靜軒先生有詩嘆曰：陸遜青年未有名，呂蒙詐病暗行兵。關公莫待臨危海，總為欺人一念輕。」毛宗崗畢竟生活在關公崇拜日益隆盛的時代，故文辭稍有匡正，未做正面評論。

對〉的判斷有誤：

〈隆中對〉把荊州作為蜀國北伐中原的一個策略據點，忽視了「荊州在揚州上游，關係到吳國的安危，孫權對荊州是勢所必爭的，否則便不能有吳國」。劉備、諸葛亮在夷陵之戰以前對此始終無深刻認識，從而反覆與吳國爭奪荊州，把蜀軍主力十餘萬消耗在荊州戰場，劉備、關羽也為此喪命。故蜀國龐統、法正、趙雲皆主張放棄荊州，集中主力北上爭奪雍、涼和關中，並有吳國為援，如此蜀國形勢當會改觀。既然劉備、諸葛亮未覺察其策略計畫的錯誤，所以對吳國必全力爭奪荊州毫無心理準備。他們把蜀漢兩大策略據點之一的荊州重任只交給關羽一人擔當，以一人之智力如何能對付魏、吳兩大敵對強國？而且，在關羽北伐緊要關頭，又不給予一兵一卒支持。所有這一切，皆源於〈隆中對〉所包含的錯誤因素，未據政治形勢發展而加以修改。明乎此，再看前述關羽敗亡的五條原因中，最重要的是第五條。另外，第一、二、四、五條，皆屬客觀因素，而非關羽的主觀力量所能克服。因此，我認為荊州的失守，主要責任不在關羽，而是蜀國策略方針失誤造成的。關羽雖有一定責任，但其忠於職守，以身殉職，應無所非議。[035]

其次，陳壽曾言關羽「剛而自矜，以短取敗」。但在鎮守荊州時他是否「驕傲自滿」，其實也有異說，不特「拒婚孫吳」一事。如馬超歸蜀，被待為上賓，關羽致書責問，諸葛答書一事，李贄就認為這是一齣「雙簧」：

035　可參朱大渭〈武將群中獨一人──關羽人神辨析〉，輯入「2001涿州《中國歷史文化中的關羽》兩岸學術研討會論文集」《關羽、關公與關聖》，社科文獻出版社（北京）2002年出版。

孟起來降，其心未測，不先有以彈壓之，反覆未可知也。唯孔明深
諒先主之心……得此則孟起野心自化，毋復他慮。[036]

而顧炎武在議論韓愈當年因不拘禮法，被劾罷職之事時，則以為關
羽此舉是維護劉備人主之尊：

至於《山陽公載記》言：「馬超降蜀，嘗呼先主字，關羽怒，請殺
之。」此則面呼人主之字，又不可以常儕論矣。[037]

至於關羽雖然防守嚴密，但最終仍未能阻止吳人得手的原因，還有
一重解釋。

《三國志》嘗言關羽與呂蒙都喜讀《左氏傳》，是因為《左傳》主
要匯集了春秋時代的各種戰例，與《孫子兵法》這類戰爭哲學的論著相
比，更適合行伍出身的將帥理解。錢鍾書說：

《宋史·岳飛傳》：飛「尤好《左氏春秋》」、「孫吳兵法」，喜
「野戰」，宗澤授以陣圖，飛曰：「陣而後戰，兵家之常，運用之妙，
存乎一心。」趙括學古法而墨守前規，霍去病不屑學古法而心兵意匠，
來護兒我用我法而後徵驗於古法，岳飛既學古法而出奇通變不為所囿；
造藝、治學皆有此四種性行，不特兵家者流為然也。岳飛好《左傳》，
當亦是為學兵法。《三國志·吳書·呂蒙傳》裴注引《江表傳》記孫權
自言：「至統事以來，省三史、諸家兵書，自以為大有所益」，因勸蒙：
「宜急讀《孫子》、《六韜》、《左傳》、《國語》及三史」；早以《左
傳》及《左氏外傳》屬「兵書」。[038]

036　〈李卓吾《讀三國之答問》〉。陳曦鍾《三國演義會評本》，北京大學出版社 1986 年出版，
　　　第 26 頁。著者持贈，謹志謝忱。
037　顧炎武《日知錄》卷二十三。
038　錢鍾書《管錐編》第一冊，第 355－356 頁。

錢氏且謂《春秋》所言兵事甚多，涉及許多謀略，結盟、毀盟，也是外交、軍事綜合的題中應有之義。儘管「春秋無義戰」，但盟友間「不宣而戰」，「口是心非，陰奉陽違」的戰例，自孫吳「偷襲荊州」之前尚且未有。

「兵法」或者今言「軍事學」向來都是看重實踐與經驗的領域。二戰時日軍偷襲珍珠港也是西方戰爭史未曾遭遇到的戰例，以致羅斯福總統是用「我從來沒有見過這樣一個卑劣、無恥的民族」這樣的句子作為開頭向日本宣戰的。戰後東京法庭審判東條英機，辯護律師布列尼克辯稱日本對珍珠港的攻擊「並非偷襲」，意圖利用東西半球時間差進行詭辯。檢察官反駁時特別指出日本向美國遞交最後通牒電報是在日軍偷襲珍珠港一個小時二十分鐘以後才送達，而且在偷襲得手後日本才對外廣播了裕仁天皇的宣戰詔書。對比之下，關羽是在呂蒙託病、陸遜繼帥後才開始襄樊北伐，《吳書・陸遜傳》載有襄樊大捷時〈與關羽書〉一通，猶言「觀釁而動，以律行師，小舉大克，一何巍巍！敵國敗績，利在同盟，聞慶拊節，想遂席捲，共獎王綱」云云，卑詞甘言，誓重同盟；背後乃收買叛將，不宣而戰，令人猝不及防，無疑是中國軍事史上的「創新」戰例。以此載明典籍，為後世「軍事 —— 外交」的謀略平添了許多變數，這在遼、宋、西夏、金、元之際又開始展現出來。

戰爭行為從來就不屬於單純「道德評價」範圍，故以今人視野觀之，面對如此心思細密、富於算計而又沒有任何道德顧忌的親密「盟友」，關羽當初即欲不「大意」，亦未必能夠也。

俗諺向有「看《三國》掉眼淚 —— 替古人擔憂」的說法，本文亦無意於此做什麼「翻案」文章。況且「驕兵必敗」作為對於後世將帥，乃至其他各類事業決策人的警示，當然是一個普適真理。隨著謀略學

的廣泛傳播，結盟、背盟、叛盟偷襲之類情事，在後世「黨爭」、「商戰」的博弈中層出不窮，防不勝防。從這個意義上來說，「大意失荊州」無論歸責於誰，倒不重要了。況且連諸葛亮、關羽這樣的「民族英雄」都避免不了這個規律，更具有惕厲後人的意義。但如以「大意失荊州」作為品評歷史人物的千古定讞、不刊之論，則恐未必。

「蜀疑其眩」

沈約編修《宋書·樂志》的「吳鼓吹曲」中，還有一首為「彝陵之戰」劉備陣營全軍覆沒以後兩國重新通好所作之曲〈通荊門〉，全文是：

〈通荊門〉者，言大皇帝與蜀交好齊盟，中有關羽自失之衍，戎蠻樂亂，生變作患。蜀疑其眩，吳惡其詐，乃大治兵，終復初好也。《漢曲》有〈上陵〉，此篇當之。第八。

荊門限巫山，高峻與云連。蠻夷阻其險，歷世懷不賓。漢王據蜀郡，崇好結和親。乖微中情疑，讒夫亂其間。大皇赫斯怒，虎臣勇氣震。蕩滌幽藪，討不恭。觀兵揚炎耀，屬鋒整封疆。整封疆，闡揚威武容。功赫戲，洪烈炳章。邈矣帝皇世，聖吳同厥風。荒裔望清化，化恢弘。煌煌大吳，延祚永未央。

右〈通荊門〉曲，凡二十四句，其十七句句五字，四句句三字，三句句四字。

其中談到了「中有關羽自失之衍，戎蠻樂亂，生變作患」。何出此語？這也涉及兩個面向的問題，一個是吳蜀同盟之間的互不信任；另一個則是荊州民心歸向。不妨拈來續論。

　　應該說孫、劉兩家「盟友」彼此猜忌已非一日，而曲注所謂「蜀疑其眩，吳惡其詐」正是兩大猜忌點。〈呂蒙傳〉敘蒙分析荊州大勢說：「且羽君臣，矜其詐力，所在反覆，不可以腹心待也」，就是吳人看法的典型代表，還成為後世「帝魏」派的論據。如青年蘇軾〈諸葛亮論〉就批評「仁義詐力雜用以取天下者，此孔明之所以失也」。[039] 再後來「帝蜀」派占據上風，「蜀人之詐」又成為「狀諸葛多智而近妖」的源頭。枝蔓不提。

　　自從《三國志演義》繪聲繪影地描寫了諸葛亮江東「舌戰群儒」之後，一般讀者心目中，吳人之「眩」似乎已缺失依據。其實此處所謂「眩」者，「迷惑」也。即《荀子·正名》「彼誘其名，眩其詞而無深於其志義者也」之意。《吳書·陸凱傳》言凱上諫孫皓疏，亦有「遊戲後宮，眩惑婦女」之語，二字屬連，亦此之謂。[040] 也可引申為「誑言虛語」，「大言假話」。如述袁曹交兵時，顧徽向曹操誇耀江東「山藪宿惡，皆目化為善，義出作兵」[041] 以制止曹氏覬覦之心，而實際上卻一直怨恨蠻夷不賓。外言炎炎，而其實不逮然（參下文）。裴注轉引之吳人《吳書》，先後敘述馮熙、趙咨、沈珩在吳危難之際使魏，每以「帶甲百萬」等語誇大吳之實力及備戰狀態。除馮死於魏外，其他使者或令曹丕「善之」而「魏人敬異」，或「引珩自近，談語終日」，因而「頻載使北」云云。可知吳人載記中的「眩」言炫事，幾乎成為東吳外交使節的義務職責。然而西盟蜀而偷襲蜀，北臣魏又背叛魏的事實，不得不令

039　蘇軾《東坡全集》卷四十三。

040　三國之前「眩」有三義，一曰「昏花」，《戰國策·燕三》：「左右既前斬荊軻，秦王目眩良久。」二曰「迷惑」，《淮南子·泛論》「嫌疑肖像者，眾人之所炫耀。」三通「炫」，劉向注《楚辭》「揚精華以炫耀兮」句，謂「炫耀，光貌。」即今人所謂「光彩奪目」。參《辭源》（北京：商務印書館 1982 年）第三冊第 2211 頁。

041　《三國志·吳書·顧雍傳》注引吳人《吳書》。

東吳的外交信譽受到極大的損害。

更驚人的是，吳人還曾利用隨于禁遣返的魏臣浩周為其大膽「眩」言，在曹丕面前「口陳指麾」，甚至「以闔門百口」來擔保孫權的一片忠誠，以致曹丕「既信（孫）權甘言，且謂（浩）周為得其真」，[042] 為吳謀劃立國爭取到時間。只是這段記載不出於吳人之手，結局當然也不圓滿。

《吳書》描繪設計擒拿關羽事，多有踵事增華之言，尤以吳範之事敘得神乎其技：

> 權與呂蒙謀襲關羽，議之近臣，多曰不可。權以問範，範曰：「得之。」後羽在麥城，使使請降，權問範曰：「竟當降否？」範曰：「彼有走氣，言詐降耳。」權使潘璋邀其徑路，覘候者還，曰：「羽已去。」範曰：「雖去不免。」問其期，曰：「明日日中。」權立表下漏以待之。及中不至，權問其故，範曰：「時尚未正中也。」頃之，有風動帷，範拊手曰：「羽至矣。」須臾，外稱萬歲，傳言得羽。

敘來一波三折，盡得跌宕之妙，但故事的空間距離頗有問題。按吳範位置應在公安城孫權的總指揮部，而潘璋則在當陽漳鄉的前沿指揮所，兩地直線距離至少也有數百里。不意千里動靜，幾經變化，仍不出其掌心。風帷初動，須臾即報，資訊交流竟然如此迅捷，無異於今日之電話、手機、電子郵件矣。裴松之於此引《蜀記》云：

> 權遣將軍擊羽，獲羽及子平。權欲活羽以敵劉、曹，左右曰：「狼子不可養，後必為害。曹公不即除之，自取大患，乃議徙都。今豈可生！」乃斬之。

042　《三國志·吳書·吳主傳》及注引《魏略》。

且為此疏云：

臣松之按《吳書》：孫權遣將潘璋逆斷羽走路，羽至即斬。且臨沮去江陵二三百里，豈容不時殺羽，方議其生死乎？又云「權欲活羽以敵劉、曹」，此之不然，可以絕智者之口。

也是由此處質疑。顯為後人踵事增華，敷演成為當時正在流行的「志異小說」，而於史家體例殊不相合。這在《吳書・周瑜傳》敘「赤壁火攻」中表現得更為突出，事實上《吳書・周瑜傳》關於「赤壁之戰」經過的描述，顯與《魏》、《蜀》兩書相關描寫均有歧異，且與《吳鼓吹曲》及王粲《英雄記》的相關資料亦有很大差別。或者這就是三國故事虛構化的開始，以此證明吳人「赤壁爭功」的合法性，從而為背叛盟約，偷襲關羽製造理由。以其枝蔓，另文再議。[043]

吳、蜀兩地皆以才辯之士輩出而稱道於世。然當同為弱勢，彼此不相佩服，一度兵戈相見之外，亦不斷有口角紛爭穿插其間。此為「大背景」中之「小過節」，但亦對兩地後世之文化走向不無影響。「蜀疑其眩」即其一也，值得拈出，略申數言。

〈吳主傳〉曾云，有「蜀使來，稱蜀德美，而群臣莫拒。權嘆曰：『使張公（昭）在坐，彼不折而廢，安復自誇乎？』」此或為敷演「舌戰群儒」故事之張本。俗云：「主憂臣辱，主辱臣死」——也許是受此影響，此後無論在蜀在吳，每當與蜀人論辯，吳士每奮勇爭先，必攖其鋒，而屢載之於吳史，津津樂道，風氣亦為之轉移。如記敘彝陵戰後吳使鄭泉奉命通好，談及蜀已稱漢帝號事：「劉備問曰：『吳王何以不

043　筆者另有〈歷史與演義：《三國志演義》的實中之虛〉（原載中國社會科學院古代小說研究中心《中國古代小說研究》第一輯，人民文學出版社 2005 年 6 月出版）專門從歷史文獻學、歷史地理學及實證科學等方面驗證，討論《三國志》中描述的「赤壁火攻」能否成立的問題。以其過於枝蔓，不再重複。有興趣讀者可以自行查詢。

答吾書，得無以吾正名不宜乎？』泉曰：『曹操父子凌轢漢室，終奪其位。殿下既為宗室，有維城之責，不荷戈執殳為海內率先，而於是自名，未合天下之意，是以寡君未覆書耳。』備甚慚恧。」[044] 直接羞辱到劉備頭上，顯有報復之意。[045] 其實此前關羽不就正是在荊襄「荷戈執殳為海內率先」之際，被孫權背後捅一刀的嗎？吳人之《吳書》竟將鄭泉之言書之於史，可謂善於強詞奪理。亦可參見諸葛恪與蜀使費禕應對嘲難，吳人「咸稱善焉」。[046] 蜀使張奉以姓名嘲吳臣闞澤，澤不能答，薛綜即以地名嘲罵：「蜀者何也？有犬為獨，無犬為蜀，橫目苟身，蟲入其腹。」復自伐曰：「無口為天，有口為吳。君臨萬邦，天子之都。」、「於是眾坐喜笑，而奉無以為答。」[047] 請注意這兩次嘲難都有吳士旁觀應和，不謂無因，可供治三國外交史者補注一筆。

其於後世影響甚大之兩事，亦容略為申言。吳人君臣之間雅好爭嘴鬥捷，每逞口角之勝，後亦備載於《三國志・吳書》中。如〈張紘傳〉引環氏《吳紀》敘紘孫張尚與孫皓談論「柏中舟」與「松中舟」等事，孫皓反目，發怒收尚，百官公卿「詣宮叩頭請，尚罪得減死」事。又如〈王蕃傳〉注引《吳錄》：「（孫）皓每會，因酒酣，輒令侍臣嘲謔公卿，以為笑樂」云云。東晉南朝以後，隨著江東文士數量增多、地位提升，此風漸次浸被，《世說新語》已多有描述，尤以宋後為甚，即蜀人蘇軾亦以此著稱。朝士大夫彼此以姓名籍貫謔虐嘲罵，從此成為中國官場上一種特殊的風景。敘者每以其為雅謔韻事，亦不乏以此結怨而相傾

---

044 《三國志・吳書・吳主傳》注引吳人《吳書》。
045 劉備實有辯才。未有根據地前，亦曾周旋諸侯權貴之間，以言詞影響人主視聽。《三國志・魏書・陳登傳》敘其在劉表處與名士許汜品評陳登豪氣，義正詞嚴，抑揚得體，辭風摧折之銳，擬於形象之倫，竟令劉表「大笑」。
046 載《三國志・吳書・諸葛恪傳》引〈恪別傳〉。
047 《三國志・吳書・薛綜傳》。

軋敗壞政風者。歷代筆記稗史多有載記，事煩不引。[048]

又兩宋重臣多出江左，宋人記敘與遼金元之「北使」打交道時，亦每以鬥詩論詞之尖新、講說清談之奇峭來嘲謔摧折對手，復以私記誇耀筆端，輾轉錄入筆記稗史，喋喋不休，以與榮焉。今之國人每言「阿 Q 之精神勝利法」，溯源追根，造始之端，其源於此乎？[049]

《吳書》瑾傳曾述諸葛瑾「為人有容貌思度，於時服其雅弘。」「與權談說諫喻，未嘗切愕，微見風采，粗陳指歸，如有未合，則捨而及他，徐復託事造端，以物類相求，於是權意往往而釋。」而其子諸葛恪卻「辯論應機，莫以為對」。可謂橘生於淮，水土異也。按駁難辯論原起於東漢儒學今古文經學之爭。建初四年（西元七十九年）漢章帝親臨白虎觀，大會今文經學群儒，講議五經異同。「省章句」，「正經義」，敕為《白虎通義》一書。佛教宗派新入中土，也把天竺辯風帶了進來。《世說新語·假譎篇》云：

048　東晉「清談」之原始幾成專學。《晉書·周䫻傳》：「時中國亡官失國之士避亂來者，多居顯位，駕馭吳人，吳人頗怨。」吳人謂中州人「傖」，即「粗鄙」之意。同書「周玘將卒，謂子䫻曰：『殺我者諸傖子，能覆之，乃吾子也。』」又《晉書·陸玩傳》：「玩嘗詣導食酪，因而得疾。與導箋曰：『僕雖吳人，幾為傖鬼。』」從吳地眼光審視，楚人亦復如是，故有「傖楚」之說。江東士人當時還沒有在社會上取得主導地位，何以具備這種文化上的優越感，值得探究。江東大族與南遷貴冑合流則是稍後的事情。「僑居氏族」之間偶爾也以原籍互相嘲罵，如《世說新語》記敘湖北人習鑿齒和山西人孫興公隨從桓溫，「桓語孫：『可與習參軍共語。』孫云：『蠢爾蠻荊，敢與大邦為仇！』習云：『薄伐獫狁，至於太原。』」（《排調》）亦是「橘生於淮」又一例。北人嘲南則以北魏時楊元慎斥陳慶之語最為淋漓酣暢，見《洛陽伽藍記》。

049　澶淵盟誓以後，宋臣凡能文者，私記例有類似內容。參《回文類聚》記「神宗熙寧間，北朝使至，每以能詩自矜，以詰翰林諸儒。上命東坡館伴之」，蘇以「神智體」《晚眺》詩使「北使惶愧莫知所云」條；岳珂《桯史》述「承平時國家與遼歡盟，文禁甚寬。輅客者往來，率以談謔詩文相娛樂」，遼使出聯「三光日月星」，蘇回「四詩風雅頌」及「四德元亨利」、「兩朝兄弟邦」條等。錢鍾書《宋詩選注》論使遼詩亦談及此，說「北宋對遼低頭，卻還沒有屈膝，覺得自己力量小，就裝得口氣很大」云云（第 157～158 頁）。曩昔見香港大學王賡武教授一文，分析「小國家的外交辭令」，辨析宋代外交文書與稗史私記的差異，尤能突顯文士這種雙重人格和扭曲心態。

愍度道人始欲過江，與一傖道人為侶，謀曰：用舊義往江東，恐不辨得食，便共立心無義。既而此道人不成渡，愍度果講義積年。後有傖人來，先道人寄語云：為我致意愍度：無義那可立？治此計，權救飢爾，無為遂負如來也。

由「舊義往江東」，就怕連飯也沒得吃了，即可推知中原談習本與江左大異其趣。而後來道恆卻與竺法汰弟子曇一、慧遠等「大集名僧」論「心無義」說，「據經引理，析駁紛紜」，「就席攻難數番，問責鋒起」，[050] 成為一時潮流。蓋緣晉室東遷，進入江東的人文環境之後，中原舊習、西來梵風與江東嘲難交相煽熾，發為「清談」，遂使漢末月旦人物之「清言」、魏晉言近旨遠之「談玄」更上層樓，成為中國文化思想史之大端。此節應有專書論述，論者幸當留意之。[051]

元人郝經〈曹南道中憩關王廟〉詩云：

傳聞哨馬下江陵，青草湖南已受兵。壯繆祠前重回首，荊州底事到今爭？[052]

周一良《魏晉南北朝史札記》有〈晉書·東晉南朝地理形勢與政治〉一條，曾作精闢分證，略謂據有荊州實為「控制上游強兵，以奪取建康中央政權之經驗教訓」的大事，且言「周瑜在劉備入蜀之前，早已規取益州，實為卓識，惜其志不果。『王濬樓船下益州』，則『金陵王氣黯然收』。」不妨參看。

---

051 魯迅曾有〈魏晉風度及文章與藥及酒之關係〉，王瑤《中古文學論集》繼之，但論題都不止於談風。劉季高《東漢三國時期的談論》（上海古籍出版社，1999 年出版）似專意於此，唯筆者對其所論「『清談』對當代的政治產生了極壞的影響。其唯一可稱述之處，是在語言方面，進一步對散文及詩歌做了有益的貢獻」這類「二元對立」方式的論斷不能贊同。

052 《關帝志》卷四〈藝文下〉。

　　我以為，《吳書》及《江表傳》等所以違背史書體例，多有增飾之言，首先「赤壁爭功」而為劉備「借荊州」作鋪墊，又以「借荊州」作為「襲荊州」的合理性張目，也是吳人善「眩」的一個證據。後人不察，貽誤至今。

荊州民心

　　錢鍾書引王士禎《香祖筆記》卷一〇語，有「即余所謂野語雖未足據以定事實，而每可以徵人情，采及葑菲，詢於芻蕘，固以史家所不廢也。」[053] 故〈關背德〉、〈通荊門〉兩曲，既混雜於號為「南朝民歌淵藪」的《樂府詩集》之中，是否有關「人情葑菲芻蕘」，而於史家有所裨益，是筆者關心的又一重點。但它們究竟是官方讚頌之樂，還是民間性情之響？卻關乎當時對於關羽失荊州、被擒殺之民心向背，故不得不為之一辨。

敦煌壁畫中的五代張議潮〈騎行鼓吹圖〉，雖然時代不同，但還能看出古代甲杖歌吹遺風。此為吳作人 1943 年摹本，載沈從文《中國古代服飾研究》（上海書店出版社 1997 年版第 292 頁）。

053　《管錐編》中華書局增訂本第五冊，第 25 頁。

近之學人咸以《樂府詩集》為南朝民歌總集。據介紹：

今天所能見到的南朝樂府歌辭，全部錄存於宋郭茂倩所編的《樂府詩集》中，共約四百餘首。在音樂分類上，絕大部分屬於「清商曲辭」，只有少量的屬於「雜曲歌詞」和「雜歌謠辭」；歌辭性質又絕大部分屬於情歌，風格上以清新豔麗和真摯纏綿見長，與漢魏樂府與北朝民歌迥然不同。[054]

而此兩曲非關綺旎情歌，亦一望可知。蔡邕《禮樂志》言：

漢樂四品，其四曰「短簫鐃歌」，軍樂也。黃帝岐伯所作，以建威揚德，風敵勸士也。

即摧折敵人，鼓舞士氣，或今人所曰「團結人民，教育人民；打擊敵人，消滅敵人」。用於戰前動員，或戰後慶功，都具有很強的戰地實用功能，與「燕射歌辭」所謂宴殣賓客酬酢之辭顯有不同。宋人郭茂倩且引《宋書·樂志》云：

列於殿庭者名「鼓吹」，今之從行鼓吹為「騎吹」，二曲異也。又孫權觀魏武軍，作鼓吹而還，此應是今之鼓吹。魏晉時，又假諸將帥及牙門曲蓋鼓吹，斯則其時方謂之鼓吹也。

可知演奏方式、辭曲節奏，「從行鼓吹」都彷彿今人謂之「進行曲」，以辭句短促、造語激昂、音節鏗鏘、合轍押韻、琅琅上口見長。也因戰役不同，緣事而作，以發揮「風敵勸士」的功效。王粲《漢末英雄記》曾言：

建安中，曹操於南皮攻袁譚，斬之。操作鼓吹，自稱萬歲，於馬上舞。

054　曹道衡、沈玉成《南北朝文學史》，北京：人民文學出版社 1991 年。

即此之類。

因為沈約的記載，一般認為《吳鼓吹曲》的作者是韋昭（西元二〇四至二七三年）。蕭滌非《漢魏六朝樂府文學史》十分肯定地說：「沈約《宋書》云韋昭、孫休世上《鼓吹鐃歌》十二曲，其言蓋絕可信也。」[055] 並徑以晚出之《晉書・樂志》謂「漢時有《短簫鐃歌》之樂，列於鼓吹，多敘戰陣之事，及魏受命，改其十二曲，使繆襲為詞，述以功德代漢。……是時，吳亦使韋昭制十二曲名，以述功德受命」的敘述有誤，蓋緣曹丕登基與孫休嗣統前後相差三十八年，所以應以曹丕代漢時〈策孫權文〉有「君化民以德，禮樂興行，是用錫君軒懸之樂」等語，作為吳仿魏制樂之始。此說甚是。唯蕭著泥於沈說，斤斤以韋昭年紀立論，忽略了曹丕代漢以前，吳人既已鼓吹，究竟該用何辭的問題。

蕭滌非曾勾稽吳典籍載記中有關「鼓吹」的歷史，最早是建安四年孫策周瑜步襲皖城「得（袁）術百工及鼓吹」，自後凡有戰鬥，時或用之。如相持於淮時，「權數挑戰，（曹）公堅守不出，權乃自來，乘輕舟從濡須口入公軍，行五六里，回還作鼓吹」，[056] 設問當時鼓吹何辭？甘寧百騎斫營，「北軍驚駭鼓噪，舉火如星。寧已還入營，作鼓吹，稱萬歲」，當時鼓吹，又作何辭？蓋辭因曲而揚，曲緣辭而新，所以曲辭更新，代有作者。如果把韋昭作為《吳鼓吹曲》最後校訂和規範者，而各曲之辭初或有出於眾手者，或者更為客觀。

蕭著列明了漢、魏、吳鼓吹辭曲的對應關係，參見下表：

---

055 《漢魏六朝樂府文學史》，北京：人民文學出版社 1984 年。又 1950 年代初修建成渝鐵路時，曾在成都揚子山一號、十號及成都站東鄉漢墓發現漢代「騎吹畫像磚」三方，載《重慶博物館藏四川漢畫像磚選集》，北京：文物出版社 1957 年出版，第 67 ～ 71 頁。可以參見漢代「騎吹」情況。

056 《三國志・吳書》注引《江表傳》。

	漢 鼓吹舊名	魏 繆襲改名	吳 韋昭改名
01	朱鷺	楚之平	炎精缺
02	思悲翁	戰滎陽	漢之季
03	艾如張	獲呂布	攄武師
04	上之回	克官渡	伐烏林
05	雍離	舊邦	秋風
06	戰城南	定武功	克皖城
07	巫山高	屠柳城	關背德
08	上陵	平南荊	通荊門
09	將進酒	平關中	章洪德
10	君馬黃		
11	芳樹	邕熙	承天命
12	有所思	應帝期	順曆數
13	雉子班		
14	聖人出		
15	上邪	太和	玄化
16	臨高臺		
17	遠如期		
18	石留		

　　蕭且以為韋昭模仿繆襲之作，至有亦步亦趨者，如〈通荊門〉全襲〈平南荊〉，此類共有四首。我認為其實這是「依聲填詞」之必然，或者正說明乃韋昭後來的規範之作。但是〈關背德〉與〈屠柳城〉卻差別甚大。〈屠柳城〉[057]辭云：

057　郭汴引《晉書・樂志》云：「言曹公越北塞，歷白檀，破三郡烏桓於柳城也。」其詞與曹氏

　　屠柳城，功誠難。

　　越度隴塞，路漫漫。

　　北逾平岡，但聞悲風正酸。

　　蹋頓授首，遂登白狼山。

　　神武慹海外，永無北顧患。

　　無論形式、情思、遣詞造句，怎麼看它與〈關背德〉都不盡相同。竊以為〈關背德〉之類，並非韋昭為孫休登基所作，而是當時戰爭勝利慶功之實時「鼓吹」。

　　郭茂倩〈鼓吹辭一〉案語據《宋書·樂志》，曾連引《周禮·大司樂》「王師大獻，則令奏愷樂」、《周禮·大司馬》曰：「師有功，則愷樂獻於社」、鄭康成云：「兵樂曰愷，獻功之樂也」、《春秋》曰：「晉文公敗楚於城濮」、《左傳》曰：「振旅愷以入」、《司馬法》曰：「得意則愷樂，愷歌以示喜也」以上諸說，皆可證明鼓吹辭是當時獻功報喜之樂。

　　襲取荊州，擒殺關羽後，吳之君臣喜不自勝，相當張揚。並一再設宴大會，鼓樂歡歌。《吳書·虞翻傳》：

　　魏將于禁為羽所獲，繫在城中，權至釋之，請與相見。他日，權乘馬出，引于禁並行，（虞）翻呵禁曰：「爾俘虜，何敢與吾君齊馬首乎！」欲抗鞭擊禁，權呵止之。後權於樓船會群臣飲，禁聞樂流涕，翻又曰：「如欲以偽求免邪？」權悵然不平。[058]

　　名篇〈觀滄海〉時間前後銜接，無矯飾大言，故質樸剛勁，千載之下，蒼涼悲壯之氣猶撲面而至。按曹操於建安十二年（207）北擊烏桓。曲中地名「白檀」為今遼寧灤平之北，「平岡」為凌源西，「柳城」為朝陽南。

058　《三國志·吳書·虞陸張駱陸吾朱傳》。

　　虞翻之糾纏反覆，實為「雙重」勝利者的得意傲人。類似的「乘馬並行」、「會群臣飲」當然不止一次。《吳書・呂蒙傳》注引吳人《江表傳》云：

　　權於公安大會，呂蒙以疾辭，權笑曰：「禽羽之功，子明謀也。今大功已捷，慶賞未行，豈邑邑（筆者案：通『悒悒』，不樂貌）耶？」乃增給步騎鼓吹，敕選虎威將軍官屬，並南郡、廬江二郡威儀。拜畢還營，兵馬導從，前後鼓吹，光耀於路。

　　請注意孫權此時所言，已與〈關背德〉曲辭略同，不謂偶然。也是擒殺關羽以後喜不自禁，誤解了呂蒙其實並不願意誇功張揚的本意。設問其時二郡威儀，兵馬導從，增給步騎，「前後鼓吹，光耀於路」者，得非歌呼〈關背德〉耶？曲辭特表「聖主睿德，親任呂蒙」，且「歷撫公安城，大據鄢都」云云，正類《宋書・樂志》舉孫權事例為證的「今之鼓吹」，宜其為班師奏凱之「當時」演吹之曲也。

　　願舉一例，以助類推。魏鼓吹辭中有〈平南荊〉一首，其辭云：

南荊何遼遼，江漢濁不清。
菁茅久不貢，王師赫南征。
劉琮據襄陽，賊備屯樊城。
六軍盧新野，金鼓震天庭。
劉子面縛至，武皇許其成。
許與其成，撫其民。
陶陶江漢間，普為大魏臣。
大魏臣，向風思自新。
思自新，齊功古人。

在昔虞與唐，大魏得與均。

多選忠義士，為喉唇。

天下一定，萬世無風塵。

注引《晉書·樂志》曰：「改漢〈上陵〉為〈平南荊〉，言曹公南平荊州也。」筆者以為此辭恰好證明了鼓吹之辭有當時而歌者，否則以曹操後來大敗於赤壁，丟失了荊州，而待曹丕登基奏樂之時，還得出此大言乎？唯曲中「大魏」之稱，或為《晉書》矯飾之辭，蓋緣曹操征荊州時，仍為「大漢」之相，不當稱「大魏」，其理至明。如是，豈有「挾天子以令諸侯」之事乎？值得注意的是，在這首有關赤壁之戰的歌辭中，明白無誤地把劉備視為勁敵，卻絲毫沒有提及後來斤斤於荊州主權的孫權君臣。不僅此也，《三國志·魏書·武帝紀》也說：

十二月，孫權為備攻合肥。公自江陵征備，至巴丘，遣張憙救合肥。權聞憙至，乃走。公至赤壁，與備戰，不利。於是大疫，吏士多死者，乃引軍還。備遂有荊州、江南諸郡。

《蜀書·先主傳》則言：

曹公以江陵有軍實，恐先主據之，乃釋輜重，輕軍到襄陽。聞先主已過，曹公將精騎五千急追之，一日一夜行三百餘里，及於當陽之長坂。先主棄妻子，與諸葛亮、張飛、趙雲等數十騎走，曹公大獲其人眾輜重。先主斜趨漢津，適與羽船會，得濟沔，遇表長子江夏太守琦眾萬餘人，與俱到夏口。先主遣諸葛亮自結於孫權，權遣周瑜、程普等水軍數萬，與先主併力，與曹公戰於赤壁，大破之，焚其舟船。先主與吳軍水陸並進，追到南郡，時又疾疫，北軍多死，曹公引歸。

　　都證實曹操「平南荊」，是以劉備而非孫權為敵人的。以此觀之，魏鼓吹辭〈平南荊〉，也許是有關當時曹氏對荊州歸屬問題看法的一個重要佐證。

　　由於學術界長期將「吳鼓吹曲」誤為「民歌」，又帶來另一個問題，即荊州民心所向，究竟在劉，還是在孫？這直接涉及關羽日後在荊州成神的民意基礎，不得不辨。

　　《吳書‧吳主傳》載黃武元年（西元二二二年）彝陵戰前：

　　劉備帥軍來伐，至巫山、秭歸，使使誘導武陵蠻夷，假與印傳，許之封賞，於是諸縣及五溪民皆反為蜀。

　　這樣的空頭支票，其實孫權亦可為之。且新拓之疆，封賞宜更厚重，以安人心而定邊土。[059] 為什麼「諸縣及五溪民」猶且反之？可知人心向背，尚未在吳。孫權後來亦見尷尬：

　　時揚越蠻夷多年未平集，內難未弭，故權卑詞上書（曹丕），求自改屬，「若罪在難除，必不見置，當奉還土地民人，乞寄命交州，以終餘年。」

　　同年孫劉和好，交換使者，孫權與蜀使鄧芝語，亦云：

　　山民作亂，江邊守兵多徹，慮曹丕乘空弄態，而反求和。[060]

059　《三國志‧吳書‧周魴傳》載周魴誘曹休時密書言七事，即有「今舉大事，自非爵號無以勸之。乞請將軍、侯印各五十紐，郎將印百紐，校尉都尉印各二百紐，得以假授諸魁帥，獎勵其志。並祈請幢幡麾數十以為表幟，使山兵吏民目瞻見之」云云。索要印傳封賞如獅子大張口，可知亦稔熟此種收買技巧，且善要價矣。又錢鍾書謂周魴乃「今世西方術語之『複諜』（the double agent）；『密表』所呈『箋七條』即偽諜之存根備案。」、「文獻徵存，吾國復諜莫古於魴。」（《管錐編》第三冊，第1099頁）「複諜」即今所謂「雙面間諜」，足為有意中國間諜史者留心。

060　《三國志‧吳主傳》裴注引《吳錄》。

荊州易手，民亂未止，「武溪蠻夷叛亂盤結」。最後孫權依靠關羽部之降將潘濬，才在黃龍三年（西元二三一年）略為平息。[061] 可見原因不在於劉蜀是否「假與印傳，許之封賞」。〈通荊門〉曲及注所謂「蠻夷阻其險，歷世懷不賓」，「戎蠻樂亂，生變作患」，亦當於此處尋求腳注。

其實吳人一直在怨恨蠻夷不願「賓服」的問題，豈止西部新徵之武溪蠻夷，連東部舊據之所，也一直為「山越恃阻，不賓歷世」所困擾，故有「皇帝赫然，命將西征。神策內授，武師外震」之語，[062] 措辭與〈通荊門〉頗有相似。事實上，當三國面臨各自的少數民族問題時，蜀以和撫為主，兼有征討；魏則以征剿為主，兼有和撫；吳的政策則乏善可陳，唯對境內百越及島夷人或擄掠征剿，或驅之為兵。自孫策建安元年（西元一九六年）初據江東，即開始「征討」山越，直到嘉禾六年（西元二三七年）薛綜讚頌諸葛恪征山越功績，猶言「元惡既梟，種黨歸義，蕩滌山藪，獻戎十萬。野無遺寇，邑罔殘奸。既掃凶慝，又充軍用。藜莜稂秀，化為善草。魑魅魍魎，更成虎士」等語，無非鋪張顧徽當年在曹操面前的大言而已。亦可知「蕩滌幽藪」云云為吳大言套語，而「白蠻來同」、「荒裔望化」的盛景，則實難見於《吳書》矣。[063]

又南朝樂府向分「吳歌」、「西曲」兩體，《宋書‧樂志》曰：「吳歌雜曲，並出江東，晉宋以來，稍有增廣。」同為《樂府詩集》記載之〈吳孫皓初童謠〉：「寧飲建業水，不食武昌魚。寧還建業死，不止武昌

061　參《三國志‧吳書》權及濬傳。

062　《三國志‧吳書‧諸葛恪傳》薛綜慰問語。

063　其實終吳之世，荊州一帶的少數民族問題也沒有解決。《三國志‧吳書‧鍾離牧傳》言，「永安六年，蜀並於魏」之後，吳的西部邊境受到晉的威脅，撫夷將軍高尚也承認是因為彝陵戰後「劉氏聯合」，武溪蠻夷才「諸夷率化」的。陳壽評贊總結時有「山越好為叛亂，難安易動，是以孫權不遑外御，卑詞魏氏」等語，把不能解決少數民族問題，歸結為孫權所以一再向曹魏苟安妥協的重要因素，亦非的評，嚴重影響了史書的客觀性。

居」，原出自《三國志‧吳書》陸凱上孫皓疏，就以整齊的五言詩行被學者列為吳歌。《樂府詩集》引《古今樂錄》說：

「西曲」歌出於荊、郢、樊、鄧之間，而其聲接送和則與吳歌亦異，故以其方俗而謂之「西曲」云。

請注意「荊、郢、樊、鄧之間」，正是當時關羽、曹仁、呂蒙相互征伐之策略要地。孫權坐起江東，自稱為「吳」，但兩曲之「聲接送和」及遣詞用語，均與吳歌判然有別，或者也是〈關背德〉與魏樂〈屠柳城〉差別甚大的原因。

按荊州戰前孫權就從建業遷都武昌，悍將甘寧本為荊州渠帥，曾獻計先取黃祖，「一破祖兵，鼓行而西，西據楚關，大勢彌廣，即可漸窺巴蜀。」[064] 正與兩曲主旨相似。甘寧亦曾在益陽率部抗拒關羽，雖未及身臨荊州之戰，但是與劉備陣營先爭荊州，後據巴蜀，割據江南，南北對峙之心早已有之了。所謂「關背德」、「關羽自失之衍」等等，都不過是粉飾之言罷了。

三國俱往矣。無論當年曾有什麼樣的恩怨糾葛，又有多少筆之於史、喧騰於口的動聽辭藻，但以各自宣示的策略目標而論，劉備、關羽據荊州不過十一年（西元二〇八年至二一九年），即能偏師北伐，威震中原；而吳擁有荊州凡六十一年（西元二一九年至二八〇年），卻始終未以荊州為基地，建立北進中原的尺寸之功，這就是圍繞「爭荊州，禽關羽」話題的歷史大結局。

錢鍾書《管錐編》談及江淹〈恨賦〉時，嘗舉陶元藻《泊鷗山房集》言：

---

064 《三國志‧吳書‧甘寧傳》。

所謂恨者，必人宜獲吉而反受其殃，事應有成而竟遭其敗，啣冤抱憤，為天下古今所共惜，非揣摩一人之私，遂其欲則忻忻，不遂其意則怏怏也。

「評甚中肯」。[065] 其實後世文士代關羽之「恨」，亦是因為其北伐不成，反受偷襲，兵敗身亡；而劉蜀興復漢室之努力亦因之功敗垂成，毀於一旦。此於中國歷史走向關係甚大，也因此建立了「不以成敗論英雄」，超越「成則王侯敗則賊」之功利性評價體系的根本出發點，而非關羽一己之欲，一人之私所可道盡也。

古代歷史假文字而得傳，亦因文字為言辭塗飾之胭脂。拂去塵埃，「滄海遺珠」亦不過眩目一閃。歷史謊言，古人是非，俱已往矣。唯文辭名實之辯，還作為或者僅僅作為文學或語義學的話題，令今人摩挲玩味。「徵名逐實」，還是「徵實正名」？這也許更像一個哈姆雷特（Hamlet）式的提問。但無論如何，這批埋沒已久的漢魏吳晉的樂府「鼓吹曲」，作為第一手歷史文獻，都應該進入三國歷史及其「演義」研究者的視野。

裴松之注中的關羽神蹟

後世之所以奉關羽為神，論者咸以為是《三國志演義》神化的結果。但既承認《三國志演義》為據史而撰，「七實三虛」，則《三國志》歷史記載中究竟有沒有支持其後世神化的「原點」，使關羽形象能夠在三國諸雄中脫穎而出？值得探究。

---

065 《管錐編》，中華書局版第四冊，第 1412 ～ 1413 頁。按陶元藻字龍溪，號篁村，晚號鳧亭，會稽（今屬浙江紹興市）人。清乾嘉諸生。久困科場，典衣賣文。後客揚州，歸里築泊鷗莊，以撰述自娛。著有《泊鷗山房集》、《香影詞》、《全浙詩話》、《鳧亭詩話》、《越畫見聞》等。

其實早在裴注所引關羽的載記故事中，已混入了神異之蹟。最重要的是在陳《志》描述關羽父子之死，裴松之所引的三條：

（一）《吳曆》：

> 權送羽首於曹公，以諸侯禮葬其屍骸。

則關羽死後身首分離。在上古神話中，炎帝系的蚩尤、刑天，俱為戰死而身首異處之神。宋人羅泌《路史・後紀四・蚩尤傳》：

> （黃帝）傳戰執尤，於中冀而誅之，爰謂之「解」。[066]

殊，古意為肢解。據說即為關羽故里「解州」得名之由來。孫馮翼輯《皇覽・塚墓記》：

> 傳言黃帝與蚩尤戰於涿鹿之野，黃帝殺之，身體異處，故別葬之。

後世祀為神。《史記・高祖本紀》敘劉邦起兵時「祠黃帝，祭蚩尤於沛庭」，沛正為楚地。《述異記》謂：「漢武時，太原有蚩尤神畫見……其俗遂為立祠。」[067]

又《山海經・海外西經》：

> 刑天與帝爭神，帝斷其首，葬之常羊之山，乃以乳為目，以臍為口，操干戚以舞。

陶淵明〈讀山海經〉讚其「猛志固常在」。按陶本為天師道中人，陳寅恪已於《陶淵明之思想與清談之關係》中證言之，且云：

066　文淵閣四庫全書《路史》卷十三，第 22 ～ 23 頁。
067　沈括《夢溪筆談》卷三：「解州鹽澤，方百二十里。久雨，四山之水悉注其中，未嘗溢；大旱未嘗涸。鹵色正赤，在版泉之下，俚俗謂之『蚩尤血』。」

其讀〈讀山海經〉詩云：「泛覽周王傳，流觀山海圖。」蓋《穆天子傳》、《山海經》俱屬道家祕笈。[068]

魯迅《中國小說史略》亦言《山海經》：「所載之祠神多用糈，與巫術合，蓋古之巫書也。」[069] 可見此二神在楚地及天師道民間信仰中，亦具「戰神」之功能，而關羽之武勇及結局庶幾近之，或即鄉人崇祀之一由也。《三國志演義》突出關羽的勇烈之氣，即取此義。

（二）《蜀記》：

羽初出軍圍樊，夢豬齧其足，語子平曰：「吾今年衰矣，然不得還。」

當時人對惡夢所兆是很認真的，還有專門官吏司職占夢。如《三國志·蜀書·蔣琬傳》提及蔣夢牛頭流血，「意甚惡之」，占夢趙直曰：「夫見血者，事分明也；牛角及鼻，『公』字之象，君位必當至公。」錢鍾書在《管錐編》中曾經討論到《周禮·春官·占夢》中「夢有六候」之說，並舉《列子》、《潛夫論》和《世說新語》諸書有關記敘談及「夢」的形成有「想」、「因」兩由：

蓋心中之情慾、憶念，概得曰「想」，則體中之感覺受觸，可名為「因」。當世西方治心理者所謂「願望滿足」（eine Wunscherfüllung）及「白晝遺留之心印」（Traumtag die Tagesreste），想之屬也；所謂「睡眠時之五官刺激」（die Sinnesreize），因之屬也。《大智度論·解了諸法釋論》第一二：「夢有五種：若身中不調，若熱氣多，則多夢見火、見黃、見赤，若冷氣多，則多夢見水、見白，若風氣多，則多夢見飛、見黑；又復所聞、見事，多思唯念故，則夢見。或天與夢，與令知未來

068　載《金明館叢稿初編》。
069　《中國小說史略·神話與傳說》，人民文學出版社 1976 年版。

事。」「身中不調」，即「因」；「聞、見、思唯」，即「想」。[070]

並批評張湛所言《周禮》「六夢」之義「理無妄然」之語是「漫浪之談」，《莊子‧齊物論》言「夢飲酒者旦而哭泣，夢哭泣者旦而田獵」之說為「預言先幾之迷信，等夢於巫卜」。[071] 以現代心理學觀念視之，誠然有理。但在巫風中惡夢是有特殊不祥含義的，以至雲夢秦簡《日書》中還載有專門禁治惡夢的咒語。這裡稱的「矜錡」是一種專食惡夢的神靈伯奇：

　　皋！敢告爾矜錡，某有惡夢，走歸矜錡之所，矜錡歆強食，賜某大福：非錢乃布，非繭乃絮。

早期道教信徒亦認為惡夢需要禳解之法。《太平經》卷一三七云：「晝為陽，人魂常並居；冥為陰，魂神爭行為夢，想失其形，分為兩，至於死亡。」以錢氏列舉《大智度論》所言，則佛教初傳，也相信夢能「與令知未來事」，亦為預言之一法。「夢示」在歷代「關羽顯聖」傳說中占有重要地位。隋唐佛教在其本土化過程中，也常常託言夢中所見所聞，宣示神異之蹟。

至今山西解州關帝廟主殿東向第一柱石雕上，工匠猶雕刻「龍爪握豬」，當為後世對於「豬嚙其足」之說的剖相。

解州關帝廟石雕「龍爪握豬」

070　《管錐編》第二冊，第 488 頁。
071　同上，第 494 頁。

（三）《江表傳》：

> 羽好《左氏傳》，諷誦略皆上口。

按漢代本為方術盛行之時，經學與方術結合，便出現了陰陽家與儒家的結合物，正如《漢書》所云：

> 漢興，推陰陽、言災異者，孝、武時有董仲舒、夏侯始昌；昭、宣則眭孟、夏侯勝；元、成則京房、翼奉、劉向、谷水；哀、平則李尋、田終術，此其納說時君著名者也。

董仲舒的《春秋繁露》首開先河，漢儒紛紛強調「微言大義」和「緯候足徵」，將《春秋》學引至神祕主義，出現了近人皮錫瑞所云：「以〈禹貢〉治河，以〈洪範〉察變，以《春秋》決獄，以『三百五篇』當諫書」[072] 的現象。劉歆解經獨尊《左氏傳》，與《公》、《谷》對立，這實際涉及漢代今古文經學之爭的一段公案。為後人解經時左右逢源大開了方便之門。後世儒家崇奉關羽者，或尚其知「春秋大義」，或推其能神明斷案，以至後世關廟一定要建「春秋殿」、「春秋亭」，塑關羽讀《春秋》像，求解「關帝靈籤」，其源蓋出於此十一字。

今有「品三國」者，動輒以「陳《志》裴注」為信史，卻不知紀昀《四庫全書總目提要‧三國志》，已批評裴松之注有「嗜奇愛博，頗傷蕪雜」之病，如引《搜神記》注〈袁紹傳〉之胡母班，〈鍾繇傳〉引陸氏《異林》載繇與鬼婦狎昵等事，「鑿空語怪」，「深於史法有礙，殊為瑕纇」。如果考慮到南北朝正是中國「志人」、「志怪」，或者人怪兼「志」盛行的時代，就可以理解裴松之何以添注這些內容了。

順便論及一個歷史細節，自從曹魏時創立「九品中正」選官制度，

---

072 《經學歷史》第三章。

「家世閥閱」包括「郡望」，成為士大夫家族的重要資源。東晉南遷，尤重於此，因而形成《晉書·劉毅傳》所謂「上品無寒門，下品無世族」的現象。而裴松之家族本出關羽鄉里，《宋書·裴松之傳》載：

> 河東聞喜人也。祖昧，光祿大夫。父珪，正員外郎。

據《新唐書·宰相世系一》，「裴氏出自風姓」，周孝王使非子養馬蕃息，封其支孫於鄉，「六世孫陵，當週僖王時封為解邑君，乃去『邑』從『衣』為裴。」裴陵九世從漢光武平隴、蜀，「徙居河東安邑。安、順之際徙聞喜。」河東裴氏雖以聞喜著姓，但因與解州、安邑兩大鹽池關係匪淺，故亦著郡望，如其中一支「自河西歸桑梓，居解縣洗馬川，號『洗馬裴』」然。可謂與唐王朝共相始終，故新、舊《唐書》均將其列為「宰相世家」之首。《新唐書·宰相世家》載裴氏一支曾仕南朝，裴邕居襄陽，其子裴順宗為南齊兗州刺史，五子蒨之、芬之、簡之、英之、藹之。「初歸北，號『南來吳裴』」。松之很可能與其同族。[073] 如是，則中唐相繼褒揚蜀漢將相的名相裴度（東眷）、裴均（中眷），亦與裴松之同出一氏。雖不無戮力王室，自勉自寅之意，但也象徵著這一時代價值評判的趨向。

又據《唐書·食貨志》，中唐裴均任度支尚書時曾主持河東鹽池池務，懲鑑於鹽務之職轉繁劇：

> 安邑、解縣兩池，舊置榷鹽使，仍各別置院官。元和三年七月，復以安邑、解縣兩池留後為榷鹽使。

則涉及他在當陽任職期間復修玉泉寺關羽祠廟的背景。後文再論。

---

073 陳寅恪〈論天師道與濱海地域之關係〉（載《金明館叢稿初編》）云：「六朝人最重家諱，而『之』、『道』等字皆在不諱之列，所以然之故雖不能詳知，要是與宗教信仰有關。」如王羲之、王獻之父子然。故裴蒨之等五人名諱不得與裴松之作輩分上的簡單比附。

「威震華夏」

　　如果進一步追究，則不僅南朝裴松之添注，連西晉陳壽《志》傳中也藏有「關羽成神」的基因。

　　《三國志・蜀書》中的〈關羽傳〉不過九百多字，令人留下深刻印象的是他過人的勇武。如「羽望見（顏）良麾蓋，策馬刺良於萬眾之中，斬其首還，紹諸將莫能當者」；如「羽嘗為流矢所中，貫其左臂……羽便伸臂令醫劈之。時羽適請諸將飲食相對，臂血流離，盈於盤器，而羽割炙引酒，言笑自如」；如「羽率眾攻曹仁於樊……禁降羽，羽又斬將軍龐德。梁、郟、陸渾群盜或遙受羽印號，為之支黨。羽威震華夏，曹公議徙許都以避其鋒」等等。甚至說張飛的「威猛雄壯」還「亞於關羽」。論者往往以陳壽對關羽有所批判，便以為評價不高。其實整個二十五史裡古今名將多矣，但唯有〈關羽傳〉中赫然有「威震華夏」四字考評，實已道盡其於當時的聲威影響。這與前此之《漢書・霍光傳》「威震海內……四裔賓服」，或同書〈吳主傳〉引孫權嘉禾二年詔書自謂「威震遐方」，後此之《後漢書・寇恂傳》言其「威震鄰敵」等等，都明顯不同，足以流千秋而傳萬代。

　　此外，陳《志》及裴注中，亦每以「關、張」並稱，這在魏晉以後的武人中間顯然發生了影響。趙翼《二十二史劄記》卷七〈關、張之勇〉條說：

　　漢以後稱勇者，必推關、張。其說見二公本傳者：袁紹遣顏良攻劉延於白馬，曹操使張遼、關羽救延，羽望見良麾蓋，即策馬刺良於萬人之中，斬其首還，紹將莫能當者。當陽之役，先主棄妻子走，使張飛以二十騎拒後，飛據水斷橋，瞋目橫矛，曰：「身是張翼德也，可來共決

死！」敵皆無敢近者。二公之勇，見於傳記者止此，而當其時，無有不震其威名者。魏程昱曰：「劉備有英名，關羽、張飛皆萬人之敵。」（《魏志・昱傳》）劉曄勸曹操乘取漢中之勢進取蜀，曰：「若小緩之，諸葛亮明於治國為相，關羽、張飛勇冠三軍而為將，則不可犯也。」（《魏志・曄傳》）此魏人服其勇也。周瑜密疏孫權曰：「劉備以梟雄之姿，而有關羽、張飛熊虎之將，必非久屈為人用者。」（《吳志・瑜傳》）此吳人服其勇也。不特此也，晉劉遐每擊賊，陷堅摧鋒，冀方比之關羽、張飛。（《晉書・遐傳》）符秦遣閻負、梁殊使於張玄靚，誇其本國將帥：「有王飛、鄧羌者，關、張之流，萬人之敵。」禿髮傉檀求人才於宋敞，敞曰：「梁崧、趙昌，功同飛、羽。」李庠膂力過人，趙廞器之曰：「李玄序，一時之關、張也。」（皆《晉書》載記）宋薛彤、高進之並有勇力，時人以比關羽、張飛。（《宋書・檀道濟傳》）魯爽反，沈慶之使薛安都攻之，安都望見爽，即躍馬大呼直刺之，應手而倒，時人謂關羽之斬顏良不是過也。（《南史・安都傳》）齊垣歷生拳勇獨出，時人以比關羽、張飛。（《南史・文惠太子傳》）魏楊大眼驍果，世以為關、張弗之過也。（《魏書・大眼傳》）崔延伯討莫折念生，既勝，蕭寶夤曰：「崔公，古之關、張也。」（《魏書・延伯傳》）陳吳明徹北伐高齊，尉破胡等十萬人來拒，有西域人矢無虛發，明徹謂蕭摩訶曰：「若殪此胡則彼軍奪氣，君有關、張之名，可斬顏良矣！」摩訶即出陣，擲銚殺之。（《陳書・摩訶傳》）以上皆見於各史者。可見二公之名，不唯同時之人望而畏之，身後數百年，亦無人不震而驚之。威聲所垂，至今不朽；天生神勇，固不虛也。[074]

074 《二十二史劄記校證》卷七「關張之勇」，中華書局本，第137～138頁。

　　趙翼雖然以乾嘉史學的嚴謹著稱，但畢竟生活在關羽已被乾隆皇帝御口欽封為「忠義神武靈佑關聖大帝」的時代。此外，北魏拓跋宏〈與曹虎書〉中，也言「卿進無陳平歸漢之智，退闕關羽殉節之忠」，[075] 也肯定了關羽守護荊州，至少令主上相信會盡忠守節，絕無背叛之虞。＊

　　魏晉南北朝間關於關、張以至諸葛亮這些蜀漢名臣的誇讚之詞如此之多，也有其政治上的原因。晉雖混一宇內，但蜀漢之影響並未因此消失。如西晉「八王之亂」後，十六國中即有巴氏人李特之姪李壽在成都稱帝，逕改「成漢」國號為「漢」；荊襄張昌率巴蜀流民起事，亦推山都縣吏丘沈為天子，改名劉尼，冒稱漢後；就連北匈奴之劉淵立國，也以漢稱，理由是「昔王先人，與漢約為兄弟，憂泰同之」。[076] 可見「尊漢室以為正統」的觀念，在當時也並未消失，尤其是益、荊一帶。又《晉書》嘗稱劉淵：

　　姿儀魁偉，身長八尺四寸，鬚長三尺餘，當心有赤毫毛三根，長三尺六寸。

　　有論者逕以為這是摹仿《三國志》對於關羽的描寫。[077] 其實陳壽《志》傳中並沒有這麼具體，不過是後人依據諸葛亮書信中稱為「髯公飄逸絕倫」，而為之想像出來的。

075　《南齊書・曹虎傳》。

076　《晉書》卷一〇〇〈劉元海載記〉。又言「初，漢高祖以宗女為公主，以妻冒頓，約為兄弟，故其子孫遂冒姓劉氏。」

077　元人《三國志平話》曾據《晉書・劉元海載記》劉淵以發現玉璽情節為關鍵，注入了陳壽《三國志》和裴松之注中的關羽形象。則劉淵「鬚長三尺餘」及愛讀《左傳》，都是由《三國志》關羽形象襲取。（日）大塚秀高〈關羽與劉淵——關羽形象的形成過程〉（載《東洋文化研究所紀要》第134冊，1997年3月）則以元刊《三國志平話》結尾所寫蜀漢後主劉禪的外孫（實為匈奴首領）劉淵乘亂起兵，攻滅西晉，即「漢皇帝」位為起點，分析劉淵形象與關羽形象的關係，認為二者「表裡一體」。

荊州城隍神

南北朝時，荊州所處長江中游的戰略地位明顯。北朝欲南下，即效法西晉之「王濬樓船下益州」，自荊州順流而下；南朝欲北伐，則師法〈隆中對〉「一旦天下有變，則命一上將，將荊州之軍以向宛、洛」。故其於北齊、南梁時，一度戰事連綿。《北齊書》卷二十〈慕容儼傳〉云：

天保初，除開府儀同三司。六年，梁司徒陸法和、儀同宋蒨等率其部下以郢州城內附。時清河王岳帥師江上，乃集諸軍議曰：「城在江外，人情尚梗，必須才略兼濟，忠勇過人，可受此寄耳。」眾咸共推儼。岳以為然，遂遣鎮郢城。始入，便為梁大都督侯瑱、任約率水陸軍奄至城下。儼隨方御備，瑱等不能克。又於上流鸚鵡洲上造荻洪竟數里，以塞船路。人信阻絕，城守孤懸，眾情危懼，儼導以忠義，又悅以安之。城中先有神祠一所，俗號城隍神，公私每有祈禱。於是順士卒之心，乃相率祈請，冀獲冥佑。須臾，衝風欻起，驚濤湧激，漂斷荻洪。約復以鐵鎖連治，防禦彌切。儼還共祈請，風浪夜驚，復以斷絕，如此者再三。城人大喜，以為神功。（著重號為筆者所加）

則齊軍戰前確曾禱神。又《北齊書》卷三十二：

景遣將任約擊梁湘東王於江陵，法和乃詣湘東乞征約，召諸蠻弟子八百人在江津，二日便發。湘東遣胡僧佑領千餘人與同行。法和登艦大笑曰：「無量兵馬。」江陵多神祠，人俗恆所祈禱，自法和軍出，無復一驗，人以為神皆從行故也。（著重號為筆者所加）

也有眾神皆助陸法和之說。臺灣大學洪淑苓教授曾據明人《關帝事蹟徵信編》，述陸法和詣湘東王蕭繹乞討叛將侯景、任約，梁兵能步

行水上，且終於水下擒獲任約，人以為神靈從行故也。[078] 則為後世附會
關羽北上襄樊，「水淹七軍」，擒獲于禁、龐德之說，在傳說學上另有
意義。

值得注意的是，這兩則記載裡都說到「江陵神祠」有神靈護佑城
池，其中一則還明確提到「城隍神」，且兩事均發生於關羽當年戍守之
江陵舊營。則他們虔敬祈禱之神靈，究竟是渺無蹤跡之虛幻之象，還是
確為人格之神？值得探考。

現存最早「關羽顯聖」的記載，見於唐德宗貞元十八年（西元
八〇二年）董侹〈荊南節度使江陵尹裴公重修玉泉關廟記〉，其中
提及：

> 昔陸法和假神以虞任約，梁宣帝資神以拒王琳，聆其故實，安可誣
> 也。至今緇黃入寺，若嚴官在傍，無敢褻瀆。[079]

其中已經以陸法和、任約之戰為例，證實荊州城的護佑神靈確為關
羽。此後梁宣帝蕭詧挾西魏兵力占據荊州，王琳志圖匡復，失敗歸齊，
均為荊州得失的戰事。《北夢瑣言》言：

> 葆光子讀《北史》，見陸法和在梁時，將兵拒侯景將任約於江上，
> 曰：「彼龍睡不動，吾軍之龍，甚自踴躍。」遂擊之，大敗，而擒任約。
> 是則軍陣之上，龍必先鬥。

作者孫光憲為唐末五代時荊南人士，稍晚於董侹。董「聆其故實」
之說，或者近此。結合前引趙翼縷述南北朝諸將崇敬關、張之勇的情

078　參見《關公民間造型之研究 —— 以關公傳說為重心的考察》，國立臺灣大學文史叢刊之
　　　九六，1995 年 5 月初版。此書承臺灣中央研究院文哲所蔣秋華代為贈送，謹志謝意。

079　輯入《全唐文》卷六八四，中華書局影印本。

況，董文敘此所「假」所「資」之神，應為江陵之「城隍神」，或即關羽。關羽所以在荊州被鄉人祭祀，應源於楚地巫風與巴人信奉之原始道教的結合。王逸〈九歌序〉稱：「昔楚南郢之邑，沅湘之間，其俗信鬼而好祠。」《漢書・地理志》亦載楚人「信巫鬼，重淫祠」。《後漢書・西南夷傳》則謂「俗好巫鬼禁忌」。直至隋代，其習猶故，《隋書・地理志》載：「大抵荊州率敬鬼，尤重祠祀之事。昔屈原為制《九歌》，蓋為此也。」此外楚人淫祀之濫也於史有名。如《荊楚歲時記》載迎廁神紫姑、祭江神屈原、濤神伍子胥、灶神祝融等。《宋書・孔季恭傳》、《齊書》之〈李安民傳〉和〈蕭惠基傳〉、《梁書・蕭琛傳》均提及吳興郡有項羽神，俗謂甚靈驗。連無功無德的無名小卒也可輕易成神，如《搜神記》卷五提到的漢末秣陵尉蔣子文本為「嗜酒好色，挑達無度」之徒，「逐賊至鍾山下，賊擊傷額，因解綬縛之，有頃遂死。」後託名「此土地神」，自孫權始封侯。錢鍾書曾謂蔣之顯神，有若「餓鬼趕嘴行徑」，並發揮說：

蓋神猶人，然齒爵漸尊，德望與以俱高，至其少日營生，卻每不可道；子文之神在晉尚如漢高微時之無賴不治產業，下迄齊梁，封「王」號「帝」，位逾貴而行亦逾端矣。[080]

可知此公並不能發揮道德激勵的作用。而關羽「威震華夏」，「忠勇過人」兼而有之，足以鼓舞士氣，何況早有神異之說呢？此其一也。

第二是荊州的民心傾向尚未在吳。

前述《宋書・樂志》所載描述蜀、吳重結盟好情態之《吳鼓吹曲・通荊門》曲及注中屢屢談及「蠻夷阻其險，歷世懷不賓」，「戎蠻樂

亂，生變作患」，亦當於此處尋求腳注。

　　第三是關羽最初顯聖有「此祠鬼助土木之功而成」的說法，[081] 而「驅役鬼物」正是天師道的拿手本領。《後漢書·張魯傳》：

　　得咒鬼之術書，為之，遂解使鬼法。

《晉書》卷八十〈王羲之傳〉：

　　王氏世事張氏五斗米教，凝之彌篤。孫恩之攻會稽，寮佐請為之備，凝之不從。方入靖室請禱，出而語諸將曰：「吾已請大道，許鬼兵相助，賊自破矣。」既不設備，遂為孫恩所害。

《宋書》卷九九〈二凶傳〉云：

　　上（文帝）時務在本業，勸農耕桑，使宮內皆蠶，欲以諷勵天下。有女巫嚴道育，本吳興人，自言通靈，能役使鬼物。

　　曹魏曾對祠祀巫祝懸有厲禁。《三國志》卷二九〈華佗傳〉引曹植〈辯道論〉中，有「誠恐斯人之徒，接姦宄以欺眾，行妖慝以惑民」，「自家王與太子及兄弟咸以為調笑，不信之矣」之語。同傳引曹丕《典論》，亦有「劉向惑於鴻寶之說，君游眩於子政之言，古今愚謬，豈唯一人哉」的說法。《續高僧傳》卷二三〇〈釋僧勔傳〉引曹丕黃初三年詔，也斥「漢桓帝不師聖法，正以嬖臣而事老子，欲以求福，良足笑也。」「恐小人謂此為神，妄往禱祝，違犯常禁，宜宣告吏民，咸使知聞。」《三國志》卷二〈文帝紀〉黃初五年（西元二二四年）十二月詔云：

　　叔世衰亂，崇信巫史，至乃宮殿之內，戶牖之間，無不沃酹，甚矣其惑也。自今其敢設非祀之祭，巫祝之言，皆以執左道論，著於令典。

081　見范攄《雲溪友議》。

　　這顯然是針對黃巾起義影響仍在而設立的，但與巴氏人信奉顯然有悖，南北朝移民則又加劇了這種趨向。《宋書‧諸志總序》云：

　　魏晉以來，遷徙百計。一郡分為四五，一縣割成兩三。或昨荊、豫，今隸司、兗；朝為零、桂之士，夕為廬、九之民。去來紛擾，無暫止息。

　　《魏書‧卷九六‧列傳第八十四‧僭晉司馬叡竇李雄傳》：

　　竇李雄，字仲俊，蓋廩君之苗裔也……祖慕，位東羌獵將。慕有五子：輔、特、庠、流、驤。晉惠時，關西擾亂，頻歲大饑，特兄弟率流民數萬家就谷漢中，遂入巴蜀。

　　蜀人崇敬諸葛亮，故李雄入蜀後首建武侯祠於成都，也許也有信仰方面的原因。後其分散徙居，直入荊楚，對蜀漢之同情亦帶至其地。[082] 信仰也一直延續下來。《陳書》卷一三〈徐世譜傳〉：

　　徐世譜，字興宗，巴東魚腹人也。世居荊州，為主帥，征伐蠻、蜑。至世譜，尤敢勇有膂力，善水戰。梁元帝之為荊州刺史，世譜將領鄉人事焉……江陵陷沒，世譜東下依侯瑱。

　　陳寅恪認為「侯瑱本巴地酋豪，徐世譜源出巴東，殆即所謂巴族。」[083] 此時巴人已為荊州世族。又《蜀書‧先主傳》云：劉備往依劉表時，「荊州豪傑歸先主者日多」。今見《蜀書》列傳中的董和、霍峻、孔方為南郡人，蔣琬、劉巴為零陵人，馬氏五常及楊儀、向朗、向

082　巴人尚武，或許也是他們同情、認同關羽之因素之一。《隋書‧地理志》：「荊州：其風俗、物產頗同揚州。其人率多勁悍決烈，亦天性然也。」又《魏書》卷七九〈董紹傳〉：「董紹，新蔡鮦陽人也。蕭寶寅反於長安也，紹上書求擊之，『臣當出瞎巴三千，生噉蜀子。』蕭宗謂黃門徐紇曰：『此巴真瞎耶？』紇曰：『此是紹之壯辭，巴人勁勇，見敵無所畏懼，非實瞎也。』帝大笑。」可參周一良《魏晉南北朝史札記》的箋證。

083　陳寅恪〈魏書司馬睿傳江東民族條釋證及推論〉。

寵、廖化為襄陽人，廖立為武陵臨沅人，費禕為江夏人，都是劉備陣營的重要人物。則荊州士族雖附孫吳，而心存蜀漢，也是可能的。

按「城隍」本來是與「土地」相對應的概念。《周易》已有「城復於隍，勿用師」之語，《說文》解謂「城，以盛民也」，「隍，城池也。有水曰池，無水曰隍。」[084]「城隍」一詞連用，則首見於東漢班固〈兩都賦序〉：「京師修宮室，浚城隍。」唐代佛道兩教盛行，城隍也開始成為泛神崇拜之一種。開元五年（西元七一七年）張說首撰〈祭城隍文〉，其後張九齡、許遠、韓愈、杜牧、李商隱等繼之。李陽冰、段全緯、呂述等撰有〈城隍廟記〉，杜甫、羊士諤有〈賽城隍詩〉。《太平廣記》卷三百三「宣州司戶」條引〈紀聞〉稱唐代「吳俗畏鬼，每州縣必有城隍神」，以致「水旱疾疫必禱焉」。[085] 五代十國時期，城隍神已有封號，宋代城隍神信仰已正式納入國家祀典。《宋史‧禮志八》載：

> 自開寶、皇祐以來，凡天下名在地志，功及生民，宮觀陵廟，名山大川，能興雲雨者，並加崇飾，增入祀典。州縣城隍，禱祈感應，封賜之多，不能盡錄。

一般認為，城隍本無姓名，宋後則多以殉國而死的忠烈，封為本城城隍。最早記述如《宋史‧蘇緘傳》：「緘殉節於邕州，交州人呼為蘇城隍。」但據二〇〇五年三月十五日《武漢晨報》報導，在荊州沙市城隍廟出土一尊北宋陶製關公像，為迄今為止發現的最早關公造像。陶像身披長袍，繡有一隻銜著梅枝栩栩如生的白鶴，梅枝樹葉紋理亦極清晰。應為早期道教色彩之關公。如果此證不虛，則關羽當為最早的城隍人格神，而董侹所記可視為南北朝時有關「關公顯聖」的最早傳說。此刻荊

084　鄧嗣禹〈城隍考〉（《燕京大學‧史學年報》2-2，1934 年）曾有論列。
085　《太平廣記》，中華書局 1961 年，第 7 冊，第 2400 頁。

州地方戍守軍隊，也可以視是第一個關公信仰的群體。

又唐代劉禹錫詩〈自江陵沿流道中〉嘗言：

三千三百西江水，自古如今要路津。
月夜歌謠有漁父，風天氣色屬商人。
沙村好處多逢寺，山葉紅時覺勝春。
行到南朝征戰地，古來名將盡為神。[086]

湖北沙市城隍廟宋代地基出土的關羽像（攝於臺灣宜蘭礁溪協天廟關公圖片展）

可知當時荊州不唯關羽立廟稱神，其他名將奉為神靈者，亦所在多有。而楚中神靈傳播之路線，亦由長江商道逶迤而東，漸至江淮。《宋會要輯稿》「蜀漢壽亭侯祠」及「關平祠」條言：

一在當陽縣。哲宗紹聖二年五月賜額「顯烈」；徽宗崇寧元年二月封忠惠公；大觀二年進封武安王。一在東隅仇香寺。羽字雲長，世傳有

---

086 《全唐詩》卷三百六十一卷。

此寺即有此祠，邑民疫癘必禱，寺僧以給食。

在荊門州當陽縣景德玉泉院。蜀將關羽子平祠，崇寧元年賜額「昭貺」，仍封羽忠惠公。政和二年九月封平「武靈」。[087]

頗疑即為北宋城隍神封號。隨著中晚唐「社會轉型」，商品經濟的發展，城市集散功能以及容納居民的重要作用開始變得明顯，因而與原有信仰結合奉祀城隍之神，尤其在經濟發展的江南地帶更為普遍。城隍神開始成為城市通衢的保護神體系，這也涉及關羽神靈護佑一方的「制度性宗教」問題。後話另說。

「關公後裔」疑雲

《三國志·關羽傳》末嘗言：

追諡羽曰壯繆侯。子興嗣。興字安國，少有令問，丞相諸葛亮深器異之。弱冠為侍中、中監軍，數歲卒。子統嗣，尚公主，官至虎賁中郎將。卒，無子，以興庶子彝續封。

但自裴松之注引《蜀記》說龐德之子龐會當時隨鍾會、鄧艾伐蜀，蜀破，為報其父之仇，「盡滅關氏家」。遂成歷史定讞。

隋唐五代是否流傳過關羽後裔的故事傳說，史無明載，不能妄斷。但也不無痕跡，似未經人道及，故特拈出一說。

在國家圖書館所藏唐代碑誌中，關氏墓誌最早的為山西平定出土的東魏武定八年（西元五五〇年）之關勝墓碑（題為「魏故冀州刺史關寶顯誦德之碑文永記」），唯磨泐過甚，難以辨明。此後洛陽出土的開元二十九年（西元七四一年）〈關楚征墓誌〉，首題：「唐故寧遠將軍□□

領□□□州襄城府折衝上柱國關府君墓誌銘並序」，不署撰人。其開首即言：

> 昔三國時蜀有名將曰羽，即公之族系。曾祖元敏，祖玄信，父思渾，並代推雄望，蔚為領袖。公諱楚徵，隴西成紀人也。幼而孝聞，長乃特達。喜慢不色，窮通適時。[088]

此距鄧艾滅蜀已近五百年，且不知何故拉扯到「隴西成紀」（今甘肅秦安東），令人生疑。但觀其三世先祖「代推雄望」及本人事蹟，或者還是南北朝武將中崇尚關羽「萬人敵」的遺風所及。國圖所藏墓誌中，還有同樣在洛陽出土的〈大隋開皇九年歲次己酉十月辛酉朔廿五日乙酉故曜武將軍虎賁內郎將關君（明）墓誌銘〉、貞觀元年（西元六二七年）〈關道愛及妻管氏合葬志〉、貞觀二十三年（西元六四九年）〈關英墓誌〉、唐顯慶五年（西元六六〇年）之〈關預仁妻茹氏墓誌〉等，籍裡都注記為「河東安邑人」，其中隋開皇九年（西元五八九年）〈關明墓誌〉還自敘「其先夏禹之苗胄，大丞相關龍逢（逄）之後」。[089]可知河東關氏此時已托祖夏桀諍臣關龍逢，儼然望族名門。關楚徵以「隴西成紀人」而自稱河東關羽後裔，說不定也是李唐王朝攀附郡望的一種風習。後世將關羽之祖繫於關龍逢，應當與隋唐世族的此種習尚有關，但也悄悄開創了為關羽托祖名臣的後續傳說。

如果注意到唐五代時關公崇拜還遠未普及，這個現象提醒我們裴松之所引注語未必屬實。至少關羽故事還另有「托為後裔」的傳播管

---

088 碑原為河南洛陽市出土，拓片 38×37cm。中國國家圖書館墓誌編號 2352。按杜佑《通典》卷三十四〈職官〉十六「勳官」條載：「……隋置上柱國。柱國：以酬勳勞，並為散官，實不理事。大唐改為上柱國及柱國」，可知此勳仍似榮譽名號。《舊唐書・職官一》列入「正二品」，並註明「無職事官」。

089 以上四碑中國國家圖書館收藏號分別著錄為「各地 5165」、「墓誌 604」、「墓誌 746」、「墓誌 412」、「墓誌 1005」。

道，並且一直延續到五代。著名的《千唐志齋》也收藏有一方碑誌，叫做〈（後）晉故隴西郡夫人關氏墓誌銘並序〉（西元九三六年至九四六年），其中說道：

> 隴西郡夫人關氏，即同州馮翊縣人也。其先春秋時未詳所出，蜀將鎮國大將軍、荊州都督羽之後也。因徙隴西，乃郡焉。遠則龍逢（逄）逆鱗，次則雲長戰勇，其後代生俊哲，世不乏賢。具載簡編，此不繁述。[090]

亦自稱關羽後人，並已明確將夏臣關龍逢作為關羽先祖，在現存資料中尚屬首見。蓋緣「安史之亂」將曹魏「九品中正」以來的「門閥制度」掃蕩殆盡後，中晚唐已不甚重視貴冑閥閱，何況五代之君、士大夫率出卒伍。但亦唯有率出卒伍，才偏好誇示華閥世家，不過多遠托周漢支葉，不藉隋唐華冑。如五代前蜀主王建「許州舞陽人也。隆眉廣顙，狀貌偉然。少無賴，以屠牛、盜驢、販私鹽為事，里人謂之『賊王八』。」但「雖起盜賊，而為人多智詐，善待士，故其僭號，所用皆唐名臣世族。」[091] 其子王衍繼為蜀主，卻自稱周室王子晉後。後漢劉知遠「其先本沙陀部人也」，即位之後卻自稱東漢光武帝劉秀之後：「四代祖諱湍，帝有天下，追尊為明元皇帝，廟號文祖，陵曰懿陵。」注引《五代會要》：「湍為東漢顯宗第八子淮陽王昞之後。」[092] 後唐李克用本沙

---

090 《千唐志齋藏志》，臺灣中央研究院歷史語言研究所《歷代墓銘拓片目錄》12832 號，碑銘 56×60cm。又中國國家圖書館墓誌館藏號 3666，拓片 60×60cm。撰碑者署為「前淄、青、登、萊觀察推官，將仕郎，前守弘文館校書郎楊敏升撰，延州長興延慶禪院僧惠進書」。按楊敏升無考。《太平廣記》卷三百五十四〈鬼〉三十九「惠進」條言：「西蜀有僧惠進者，姓王氏，居福感寺。早出，至資福院門，見一人長身，如靛色，迫之漸急，奔走避之。至竹簀橋，馳入民家。此人亦隨至，攝捜牽頓，勢不可解。僧哀鳴祈之，此人問：『汝姓何？』答曰：『姓王。』此人曰：『名同姓異。』乃舍之而去。僧戰慄，投民家，移時稍定，方歸寺中。是夕，有與之同名異姓者死焉。（出《錄異記》）」不知是否其人。

091 《新五代史·前蜀世家第三》。

092 薛居正《舊五代史·漢書·高祖紀上》。

陀人，緣父國昌軍功，賜國姓李，「少驍勇，軍中號曰『李鴉兒』。其一目眇，及其貴也，又號『獨眼龍』。其威名蓋於代北。」[093] 但在即位詔書中卻處處以唐室自居，聲言「朱溫構逆，友貞嗣凶，篡殺二君，隳殘力廟，虺毒久傷於宇宙，狼貪肆噬於華夷。剝喪元良，凌辱神主，帝里動黍離之嘆，朝廷多棟橈之危。」[094]

這位關氏夫人正是李克用的親家母。〈碑誌銘〉復言：

郡夫人有女一人，男一人。女即唐明宗皇帝妃也。皇太妃九天仙態，都芭麗質之中；三洞靈儀，盡統元精之內。貞姿絕代，異真傾城。奪越水之煙光，容超西子；比晉文之寵侍，羨過南威。崆山之空說雲飛，洛浦之虛聞散雨。加以智匡邦國，賢質宮闈，九重之注意備隆，萬乘之姿為斯托。及明宗晏駕，嗣帝承基，爰首膺禮冊之文，寶貫古今之盛。今上自御寶曆，聖澤頻仍輝華。晉室之聯姻□，耀唐書之史錄。

文筆猶帶唐人傳奇韻致，連引典故，極力讚頌妃子之美麗高貴，儼然又是一個楊玉環，只可惜唐明宗卻沒有唐明皇那樣高貴風雅：

明宗聖德和武欽孝皇帝，世本夷狄，無姓氏。父霓，為雁門部將，生子邈佶烈，以騎射事太祖，為人質厚寡言，執事恭謹，太祖養以為子，賜名嗣源。[095]

---

093 《新五代史‧唐本紀第四》。歐陽脩有論贊言：「嗚呼，世久而失其傳者多矣，豈獨史官之繆哉！李氏之先，蓋出於西突厥，本號朱邪，至其後世，別自號曰沙陀，而以朱為姓，拔野古為始祖。其自序云：沙陀者，北庭之磧也，當唐太宗時破西突厥諸部，分同羅、僕骨之人於此磧置沙陀府，而以其始祖拔野古為都督；其傳子孫數世皆為沙陀都督，故其後世因自號沙陀。然予考於傳記，其說皆非也。」

094 《舊五代史‧唐書‧太祖紀上》。

095 《新五代史‧唐本紀第六》。歐陽脩有論贊言：「予聞長老為予言：『明宗雖出夷狄，而為人純質，寬仁愛人。』於五代之君，有足稱也。嘗夜焚香，仰天而祝曰：『臣本蕃人，豈足治天下！世亂久矣，願天早生聖人。』……其即位時春秋已高，不邇聲色，不樂遊畋。在位七年，於五代之君最為長世，兵革粗息，年屢豐登，生民實賴以休息。」

按關夫人嫁王氏，而李嗣源後宮情況則是：

明宗三后一妃：和武憲皇后曹氏生晉國公主；昭懿皇后夏氏生秦王
從榮、愍帝；宣憲皇后魏氏，潞王從珂母也；淑妃王氏，許王從益之慈
母也。曹氏、夏氏皆不見其世家。夏氏無封爵，明宗未即位前卒。明宗
天成元年，封楚國夫人王氏為淑妃，追封夏氏晉國夫人。長興元年，立
淑妃為皇后，而夏氏所生二子皆已王，乃追冊為皇后，諡曰昭懿。[096]

其中後來冊為皇后的「淑妃王氏」即關夫人女。既與皇室聯姻，須
要自高門第，而「雲長戰勇，其後代生俊哲」居然成為堂皇理由，可知
五代藩鎮將帥武夫之間仍然以關羽之武勇引為驕傲。

---

096 《新五代史·唐明宗家人傳第三》。

第二章
關羽成神與佛教「中土化」

「關公顯聖」

　　「關公顯聖」的奇異事蹟流傳甚廣，一直是歷代各地關公傳說津津樂道的主要內容。而「玉泉山關公顯聖」一節，甚至被不願言說「怪力亂神」的明儒寫入了後世廣為流傳的《三國志演義》文本，也是構成後世「關公信仰」的基本依據。但若溯其根由，還得由一樁南北朝的佛教「公案」談起。

　　現存最早「關公顯聖」的記載，正是《全唐文》所輯董侹〈荊南節度使江陵尹裴公重修玉泉關廟記〉。除前引段落外，其中還有一段鄭重其事談及此事經過的文字：

　　玉泉寺覆船山東，去當陽三十里，迭嶂回擁，飛泉迤邐，信途人之淨界，域中之絕景也。寺西北三百步，有蜀將軍都督荊州事關公遺廟存焉。將軍姓關名羽，河東解梁人。公族功績，詳於國史。先是，陳光大中，智顗禪師者至自天台，宴坐喬木之下，夜分忽與神遇，云：「願舍此地為僧坊。請師出山，以觀其用。」指期之夕，萬壑震動，風號雷虩。前劈巨嶺，下堙澄潭，良材叢木，周匝其上；輪奐之用，則無乏焉。唯將軍當三國之時，負「萬人之敵」，孟德且避其鋒，孔明謂之「絕倫」。其於徇義感恩，死生一致，斬良擒禁，此其效也。嗚呼！生為英賢，歿為神靈，所寄此山之下，邦之興廢，歲之豐荒，於是乎繫……荊南節度工部尚書江陵尹裴均曰：「政成事舉，典從禮順，以為神道之教。依人而行，攘彼妖昏，佑我蒸庶。而祠廟墮毀，廞懸斷絕，豈守宰牧人之意也耶？」乃令邑令張憤經始其事。爰從舊址，式展新規，樂櫨博敞，容衛端肅。唯曩時禪坐之樹，今則延袤數十圍。夫神明扶持，不凋不衰，胡可度思？初營建之日，白龜出其新橋，若有所感。寺僧咸見，亦為異

也。尚書以小子曾忝下介，多聞故實，見命紀事，文豈足徵？其增創制
度，則列於碑。貞元十八年記。[097]

這裡提及主持復修玉泉寺關羽祠宇的裴均，就是前文所述聞喜裴氏
家族成員。而「萬壑震動，風號雷虣。前劈巨嶺，下堙澄潭，良材叢
木，周匝其上；輪奐之用，則無乏焉」的描述，以現代科學的角度來看
倒更像是一次大地震或滑坡現象造成了這個因緣。光緒《當陽縣誌》卷
之二〈方輿·祥異〉載：

晉永嘉三年己巳七月，邑地裂三處，各廣三丈三尺，長百餘步。
（元）泰定三年丙寅秋八月地震。

可知該處是地震區，也是古人附會神異之說的依據之一。董文引起
關注的重要記述，則是天台宗大師智顗荊楚傳法的一段經歷。這也是佛
教奉關羽為「護法伽藍」，歷世相傳的主要依據。

智顗（西元五三八年至五九七年）為天台宗四祖，實為創始人，世
稱「天台大師」。俗姓陳，字德安，祖籍潁川，後遷荊州華容。其父為
梁朝顯宦，十八歲投湘州果願寺法緒出家，二十歲受具足戒。初從慧
曠學律，後至大賢山誦《法華經》、《無量義經》、《普賢觀經》等。
二十三歲至光州大蘇山拜慧思為師，學禪法，修行法華三昧。陳光大元
年（西元五六七年）學成，到金陵講授《法華經》等，傳布禪法，大僚
僧徒從之者眾。陳太建七年（西元五七五年）入浙江天台建草庵，陳宣
帝割天台山所在之始豐縣之（調）以供寺用，又蠲兩戶農民之賦役供寺
薪水。後應陳後主詔，請回金陵講《大智度論》、《仁王般若論》、《法
華經》等。陳亡，遊化荊、湘二州，又往廬山說法。隋開皇十一年（西

---

097 《全唐文》卷六八四，中華書局影印本。

元五九一年）應晉王楊廣之請去揚州講授菩薩戒，從上授「智者」之號，故又稱「智者大師」。卒後楊廣派人按其遺圖於天台山下造寺，即帝位後賜名「國清寺」。所著有《法華玄義》、《法華文句》、《摩訶止觀》各二十卷及《四教義》、《淨名義疏》、《金光明文句》、《觀音義疏》等。

湖北當陽玉泉寺，明代「漢雲長顯聖處」和清代嘉慶「最先顯聖之處」石碑。這就是佛教傳說中，佛教天台宗智顗於隋文帝開皇十三年（593）來此傳播佛法時，關羽託夢「顯聖」之地。

　　湯用彤《隋唐佛教史稿》據柳顧言〈天台國清寺智者禪師碑文〉、灌頂〈智者大師別傳〉、道宣〈續高僧傳・智顗傳〉，參以《國清別錄》諸書，作「智顗年表」。記錄他是在隋文帝開皇十二年（西元五九二年）五十五歲時「堅請往荊襄」。十三年（西元五九三年）年至荊，答地恩，造玉泉寺。十四年（西元五九四年）在玉泉寺講《摩訶止觀》。十五年（西元五九五年）自荊下金陵，受晉王請，制《淨名疏》。從情理推知，其建造玉泉寺，亦即「玉泉山關公顯聖」之確切年份，應為隋開皇十三年，即西元五九三年。此可以糾正董文「陳光大中」的誤記。

　　智顗是那一時代最有影響的高僧。道宣《續高僧傳》卷二一謂智者

大師門下「受菩薩戒者不可記稱，傳業學士三十二人，習禪學士流落江漢莫限其數。」其遺文第四則自言：

於荊州法集，聽眾一千餘僧，學禪三百。州司惶慮，謂「乖國式」，豈可聚眾，用惱官人。故朝同雲合，暮如雨散。設有善蔭，不獲增長。

可見他在荊楚一帶傳布的成績。蓋因荊楚巫風本盛，且山水湖泊地理阻隔，外來佛教遭遇困難尤多。智顗即本地人，熟知民風民心，建寺倡佛欲借助土著信仰心理，自是「題中應有之義」。後世佛教傳人因而附會其事，正是聰明之舉。灌頂是當時追隨智者的傳人，他曾記敘這次造寺情況：

既慧日已明，福庭將建，於當陽縣玉泉山而立精舍。蒙賜額號為一音，重改為玉泉。其地本來荒險，神獸蛇暴，諺云：「三毒之藪」，踐者寒心。創寺其間，決無憂慮。是春夏旱，百姓咸謂神怒，故智者躬至泉源，滅此邪見。口自咒願，手又撝略，隨所指處，重雲靉靆，籠山而來，長虹煥爛，從泉而起，風雨衝溢，歌詠滿路。荊州總管上柱國宜陽公王積，到山禮拜，戰汗不安。出而言曰：「積屢經軍陣，臨危更勇，未嘗怖懼，頓如今日。」其年王使奉迎，荊人違觀，向方遙禮。[098]

「神獸」一語是否指當地土著奉祀的關羽，頗可尋味。可知智顗在玉泉山珠泉展示神蹟，王積之言尤可為後世奉關羽為武勇之神作注。但並未提及智顗「夢化關羽」之事。

又董侹撰碑之時，荊州復建的其他佛寺亦曾出現類似「神蹟」。贊寧言：

098　〈隋天台智者大師別傳〉，《大正藏》五十卷。

有天皇寺者，據郡之左，標異他刹，號為名藍。困於人火，蕩為煨燼……先是煙焰之末，殿宇不立，顧緇褐且虧瞻禮密，念結構罔知權輿。禪宴之際，若值神物。自道祠捨濱江水焉，凡我疆畛，富於松梓，悉願傾倒，施僧伽藍。命工覘之，宛若符契。於是斬巨棟，幹修楹，撐崖挂壑，雲屯井構。時維秋杪，水用都涸，徒眾斂手，塊然無謀。一夕雨至，萬株並進，晨發江滸，暮抵寺門。剞劂之際，動無乏者。其餘廊廡床案，靡非幽贊。事鄰語怪，闕而不書。[099]

當時的職守者，也正是命復關羽祠，且又以道悟為師的裴均，不為偶然。[100] 可知託言「神蹟」，本為當時僧道創寺建觀的常用藉口。這樣既可以遠托神人，自高身分；又可以強指硬索，無須憑據；更容易獲得崇道或佞佛的帝王官員許可。於是歷代相傳，算得佛門道流強索施捨的「不二法門」。

天台宗可謂第一個自覺實施「中國化」的佛教流派。它的學說以《法華經》第一卷「方便品」為據，大開「方便法門」，以調和儒、道兩家思想。其三祖慧思以道家之成仙為成佛必經途徑，希望「成就五通神仙」，「為護法故，求長壽命。不願生天及異趣，願諸賢聖佐助我得靈芝草及神丹，療治重病除飢渴。常得經行修諸禪，願得深山寂靜處，足神丹藥修此願。藉外丹力修內丹，欲安眾生先自安。」[101] 而智顗也講「意守丹田」一類道家調息之術，說「臍下一寸名憂陀那，此云丹田，若能止心守此不散，經久即多有所治。」[102] 這樣講求調氣、煉丹和「不死之藥」，無疑融會道家成分。所以陳寅恪曾直截了當地認為：

099　《宋高僧傳》卷十〈唐荊州天皇寺道悟傳〉。
100　《宋高僧傳》卷十〈唐荊州天皇寺道悟傳〉。
101　〈南嶽思大禪師立誓願文〉，載《大正藏》四六卷。
102　參《大正藏》卷四六〈修止觀坐禪法要雜說〉。

如天台宗者，佛教宗派中道教意義最富之一宗也。[103]

作為最早與天竺所傳教義有所區別的中國教派，天台宗融合儒、道，亦時勢之所必然。說明後世以它藉關羽以傳教，絕非偶然之舉。

智顗死後其徒灌頂承襲法鉢，玉泉寺一度由灌頂門下宏景為主持。他在初唐亦有一定的影響力，宋之問有〈送沙門宏景、道俊、玄奘還荊州應制（自注：宏景，玉泉寺僧。先是，景表請高僧十四人同住寺）〉，詩言：

一乘歸淨域，萬騎餞通莊。
就日離亭近，彌天別路長。
荊南旋杖鉢，渭北限津梁。
何日紆真果，還來入帝鄉。[104]

法號還列於以「西天取經」聞名後世，唐太宗並為之修建佛寺的玄奘之前，可證當時玉泉寺之地位。在日本以弘揚佛法聞名於史的鑑真和尚，就是從宏景受具足戒的。

天台宗倡言「定慧雙修」，故其門徒持戒精嚴，智顗著述亦多為戒律之說。但戒律的維持有時也不能全憑「定慧雙修」，智顗、宏景的後代徒孫也許沒有他們那樣的道行，對於「慧根不定，六耳不淨」的僧徒，有時也免不了要靠別的方式以示懲戒了，包括用關羽這樣的武勇之將的神蹟來轄制心生貪嗔之徒。晚唐范攄《雲溪友議》卷第三述玉泉寺時說：

103　見〈馮友蘭《中國哲學史》附錄《審查報告》三〉，載《金明館叢稿二編》。
104　《全唐詩》卷五二。

緇侶居者，外戶不閉，財帛縱橫，莫敢盜者。廚中或先嘗食者，頃刻大掌痕出其面，歷旬愈明。侮慢者則長蛇毒獸隨其後。所以懼神之靈，如履冰谷。非齋戒護淨，莫得居之。

其戒律森嚴可知。按葛洪《抱朴子》言：

學道術乃令變形易貌，吞刀吐火，坐在立亡，興雲起霧，召致蟲蛇，聚合魚鱉，入淵不溺，蹈刃不傷。

則「召致蟲蛇」本為道家法術之一種。天台宗融道入佛，以巫挾禁，也不失為佛教「因地制宜」落地生根之一法。今觀初唐集成的《法苑珠林》所載各地傳法靈驗，率多本地人物事蹟，就是明證。就連關羽生前的朋友兼對手張遼，也有類似記述。贊寧《宋高僧傳》卷第十〈唐揚州華林寺靈坦傳〉言：

元和五年，相國李公墉之理廣陵也，以峻法操下，剛恩少決。一見坦，鄭重加禮，召居華林寺。寺內有大將軍張遼墓，寺僧多為鬼物所惑。坦居，愀然無朕矣。[105]

可知至遲中唐時張遼墓地亦被劃入佛寺，也曾被佛教認為厲鬼。

隨著關公「玉泉顯聖」這個故事藉佛教和小說、戲劇廣為流傳，後世其他地區的廟宇也每喜自我作古，附會者眾。如明人李維楨〈重修關王廟碑〉即言解州關廟「結祠傳自陳、隋」。[106] 明末孫承澤《春明夢餘錄》也稱京師關廟：

---

105 《宋高僧傳》，中華書局排印本第 225 頁。據《三國志・魏書・張樂于張徐傳》敘張遼征吳時死於揚州：「遼還屯雍丘，得疾。帝遣侍中劉曄將太醫視疾，虎賁問消息，道路相屬。疾未瘳，帝迎遼就行所，車駕親臨，執其手，賜以御衣，太官日送御食。疾小差，還屯。孫權復叛，帝遣遼乘舟，與曹休下海陵，臨江。權甚憚焉，敕諸將：『張遼雖病，不可當也，慎之！』是歲，遼與諸將破權將呂範。遼病篤，遂薨於江都。帝為流涕，諡曰『剛侯』。」
106 張鎮《解梁關帝志》。

在皇城地安門東者曰白馬廟，隋基也。姚斌盜馬廟在三里河天壇，亦隋基也。

又言宛平縣東成化十三年（西元一四七七年）重建漢壽亭侯廟亦「皆隋基也。」都是以此傳說，作為關公信仰起始的佛教依據。後話另說。

護法北禪

天台宗後來傳至湛然，約在開元、天寶間稱「中興」。其間又有禪宗北派興於當陽，創立人神秀（西元六〇六年至七〇六年）亦重施智顗之伎，借「關羽顯聖」神蹟弘揚佛法。嘉靖壬午本《三國志通俗演義》卷之十六引禪宗《傳燈錄》云：

大唐高宗儀鳳年間，開封府尉氏縣有一秀才，累舉不第，三上萬言策，皆不中選，遂乃出家，法名神秀，拜蘄州黃梅山黃梅寺五祖弘忍禪師為師，學大小乘之法。後雲遊至玉泉山，坐於怪樹之下，見一大蟒風簇而至，神秀端然不動。次日於樹下得金一藏，就於玉泉山創建道場。因問鄉人：「此何廟宇？」鄉人答曰：「乃三分時關公顯聖之地也。」神秀拆毀其祠，忽然烏雲四合，見關公提刀躍馬於雲霧之中往來馳驟。神秀仰面問之，公具言前事。神秀即破土建寺，遂安享關公為本寺伽藍。至今古蹟尚在，神秀即六祖也。[107]

明人《歷代神仙通鑑》卷一四所載亦同。自此關羽不僅皈依佛門，而且欣然作為伽藍，為佛護法，這是佛教利用關羽傳播的第二階段。

贊寧《宋高僧傳》卷八〈唐荊州當陽山度門寺神秀傳〉：

---

107 今存佛教典籍有《景德傳燈錄》、《續傳燈錄》等幾種，但筆者沒有發現類似記載。

　　釋神秀，俗姓李氏，今東京尉氏人也。少覽經史，博綜多聞。既而奮志出塵，剃染受法……忍於上元中卒。秀乃往江陵當陽山居焉。四海緇徒，嚮風而靡，道譽馨香，普蒙熏灼。則天太后聞之，召赴都，肩輿上殿，親加跪禮，內道場豐其供養，時時問道。於昔住山置度門寺以旌其德。時王公以下，京邑士庶，競至禮謁，往塵拜伏，日有萬計。自中宗孝和帝即位，尤加寵重。中書令張說嘗問法，執弟子禮，退謂人曰：「禪師身長八尺，龍眉秀目，威德巍巍，王霸之器也。」

　　陳垣《釋氏疑年錄》載：「弘忍（西元六〇二年至六七五年）禪宗五祖……俗姓周，蘄州黃梅人，一說潯陽人。七歲隨道信禪師出家，受具足戒，後定居於黃梅雙峰山東山寺，聚徒講習，門人甚眾，號『東山法門』。」則弘忍逝後，神秀往當陽，應在武則天儀鳳年間，而當時主持玉泉寺者正為上文談到的宏景。這也許是神秀在當陽不得不另立山頭，還不能開罪天台宗，反須附驥攀鴻的原因。他曾在玉泉寺掛單，所創道場在東七里的度門寺。[108] 這位神秀正是佛門著名禪宗公案中，因吟出「身是菩提樹，心為明鏡臺。時時勤拂拭，勿使染塵埃」一偈，而為慧能「菩提本非樹，明鏡亦非臺。心中本無物，如何染塵埃」超勝，失去了五祖衣鉢傳承的人，由此引出禪宗南北派爭鬥，另有一系列傳奇可說。從神秀的經歷、修養心性甚至當時術士所看重的相貌來看，他都不會久居人下。這次自立門牆的決心和聲勢都非同小可，「關羽顯聖」之說又得附禪宗北派的流布而傳。

　　神秀傳人普寂（西元六五一年至七三九年）恰好是關羽的同鄉，事見《舊唐書》卷一九一本傳：

108　敦煌寫本《楞伽師資記》是唐朝開元年間淨覺和尚根據其師玄賾《楞伽人法志》而作，其中敘及北禪法統八代，第七代逕言「唐朝荊州玉泉寺大師，諱秀」。宋代玉泉寺已為禪宗叢林，宋真宗命人編纂智顗以後的諸僧語錄，即《景德傳燈錄》。

　　普寂姓馮氏，蒲州河東人也。年少時遍尋高僧，以學經律。時神秀在荊州玉泉寺，普寂乃往師事，凡六事，神秀奇之，盡以其道授焉。久視中，則天召神秀至東都，神秀因薦普寂，乃度為僧。及神秀卒，天下好釋氏者咸師事之。中宗聞其高年，特下制令普寂代神秀統其法眾。開元十三年，普寂於都城居止。時王公世庶，兢來禮謁。普寂嚴重少言，來者難見和悅之容，遠近尤此重之。二十年終於都城興唐寺，年八十九。時都城士庶曾謁者，皆制弟子之服。有制賜號為「大照禪師」。及葬，河南尹裴寬及其妻子並衰麻列於門徒之次，士庶傾城哭送，閭裡為之空焉。

　　《三國志演義》中曾出現過一位在汜水鎮國寺和關羽敘過鄉情，聲言「貧僧與將軍家只隔一條河」，後又在玉泉山結茅，以一句「顏良安在」喝破關羽的「普淨」。[109] 是否實有其人，不見史載。我頗疑心就是這位曾住玉泉，而又聲勢赫赫之「普寂」的一音之轉。唐沙門淨覺撰《楞伽師資記》卷一：

　　唐朝洛州嵩高山普寂禪師，嵩山敬賢禪師，長安蘭山義福禪師，藍田玉山惠福禪師，並同一師，學法侶應行，俱承大通和上後。少小出家，清淨戒行，尋師問道，造訪禪門。行至荊州玉泉寺，遇大通和上（「和上」即後世「和尚」）諱秀，蒙受禪法，諸師等奉事大師十有餘年，豁然自證，禪珠燭照。大師付囑普寂、敬賢、義福、惠福等照世炬燈，傳

109　嘉靖王午卷之十六，毛本作「普靜」。「還我頭來」是禪宗所謂迷失自我。宋末周密（1232～1298）《齊東野語》卷一「真西山」條謂：「有道人於山間結庵，煉丹將成。忽一日入定，語童子曰：『我去後或十日、五日即還，謹無輕動我屋子。』後數日，忽有叩門者，童子語以『師出未還』，其人曰：『我知汝師久矣！今已為冥司所錄，不可歸，留之無益，徒腐臭耳！』童子村樸，不悟為魔，遂舉而焚之。道者旋歸，已無及，繞庵庵呼號曰：『我在何處？』如此月餘不絕聲，鄉落為之不安。時有老僧聞其說，厲聲答之曰：『你說尋「我」，你卻是誰？』於是其聲乃絕。時真母方娠，忽見道者入室，遂產西山，幼聰穎絕人。」按真西山即南宋理學大家真德秀（1178～1235）。「關公索頭」，老僧喝斷，或為此時傳說。

頗梨大鏡，天下坐禪人嘆四個禪師曰：法山淨，法海清，法鏡朗，法燈明。[110]

則普寂有著於當世之名「法山淨」。淨覺是神秀的再傳弟子，「俗姓韋氏，孝和皇帝庶人之弟也。」[111] 將「普寂」與「法山淨」截頭加尾另為之名，亦是小說家慣技。

唐代宗大曆年間（西元七六六年至七七九年）普寂一系作為北宗正傳，勢力仍呈中興之勢。獨孤及（西元七二五年至七七七年）〈舒州山谷寺覺寂塔隋故鏡智禪師碑銘並序〉談到當時北禪傳法盛況時說：

（神）秀公傳普寂，寂公之門徒萬人，升堂者六十有三，得自在慧者一，曰宏正。正公之廊廡，龍象又倍焉，或化嵩洛，或之荊吳。自是心教之披於世也，與六籍侔盛。[112]

可知普寂一派當時炎勢。盛唐時玉泉寺已為名勝地，但「關羽顯聖」事或在當地佛徒之外所傳不廣，或者往訪文士不以為意，故張九齡、孟浩然、李白、元稹等詠記玉泉寺的詩作所敘皆不及此。唯有周朴〈宿玉泉寺〉所詠景象：

野寺度殘夏，空房欲暮時。
夜聽猿不睡，秋思客先知。
竹迴煙生薄，山高月上遲。
又登塵路去，難與老僧期[113]

110　據朝鮮金九經校敦煌唐寫本。
111　王維〈大唐大安國寺故大德淨覺禪師塔銘〉。
112　《全唐文》卷三九〇。
113　《全唐詩》卷六七三。

以此觀之，該寺一度曾殘破冷落。[114] 而北派禪宗亦在安史亂後，在南派禪宗之神會的攻勢下一落千丈。天台宗四祖和北派禪宗六祖共同創立的「關羽顯聖護法」的神蹟也因此不彰於世。倒是《全唐詩》載有玄宗時人郎君冑題〈關羽祠送高員外還荊州〉一詩言：

> 將軍秉天姿，義勇冠今昔。
> 走馬百戰場，一劍萬人敵。
> 誰為感恩者，意是思歸客。
> 流落荊巫間，裴回故鄉隔。
> 離筵對祠宇，灑酒暮天碧。
> 去去勿復言，銜悲向陳跡。[115]

郎曾出任郢州刺史，此詩也是當時當地確已建有關羽祀廟的明證。但只道及關羽祠，亦無一語涉及梵宇。從「一劍萬人敵」句看來，盛唐時尚無「七十二斤青龍偃月刀」一類誇飾關羽神勇的說法，他仍不失為人間英雄的本色。

佛學西來，唐代開始本土化，而天台宗與禪宗都是佛教中國化的主要門派。智顗、神秀本出儒生，通經博史，也易於儒道佛的貫通。宋代則稱「三教圓融」，不但佛教「十寺九禪」，已經實現了「本土化」，理學還著意「援佛入儒」，道教也借助政治優勢與儒合流。「玉泉山關公顯聖」的傳說，也傳播到其他地區。

宋代佛教與關公信仰關係的延續，可由桂林龍隱岩桂海碑林博物

---

114 《全唐詩》卷六七三首載：「周朴，字太朴，吳興人。避地福州，寄食烏石山僧寺。黃巢寇閩，欲降之，朴不從，遂見害。」他所見玉泉寺也當為唐末景象。

115 《全唐詩》卷二四八。又俞樾《茶香室叢鈔》卷十五作「唐郎士元〈關某祠送高員外還荊州〉」。《關帝志》此詩題〈壯繆侯廟別友人〉。《全唐詩》該卷首云：「郎士元，字君冑，中山人。天寶十五載擢進士第……出為郢州刺史。與錢起齊名，自丞相以下，出使作牧，二君無詩祖餞，時論鄙之。故語曰：『前有沈、宋，後有錢、郎。』」

館至今猶存的北宋至和二年（西元一○五五年）〈義緣龍隱岩造像記〉覘之：

城裡崇明寺住持碁僧義緣。謹用齋資，命匠者鐫莊就：

天台教主智者大師，擎天得勝關將軍，檀越關三郎。相儀圓具，在龍隱岩釋伽寺開光齋僧，上報四恩，下資三友。

至和二年乙未九月五日謹題

小師法巽、法穩、法衰金符書，匠人易任端，刻石盧遷。[116]

明確把智顗傳法與關公神力結合在一起。只是其中尚有兩個關鍵略需辨析：一個是「關三郎」問題，另一個是「擎天得勝」封號來源。說詳下。

義緣龍隱岩造像記

116　此則資料承桂林市桂海碑林博物館館長劉玲雙女士提供，謹此致謝。摩崖在龍隱岩。按《鞞婆沙論》卷十二言：「當言名緣耶。當言義緣耶。答曰：七解脫。當言名緣。當言義緣。」造像僧得名，當自此來。

「關三郎」

與「關羽顯聖」先後而起的還有「關三郎」傳說。晚唐范攄（約西元八七七年前後在世）在《雲溪友議》卷三言：

余以鬼神之道難明也，視之不見，聽之不聞，朝賢後於盟津，報受禪於晉壤，禱祀名山大川，則其兆應也。蜀前將軍關羽守荊州，夢豬嚙足，自知不祥，語其子曰：「吾衰暮矣。是吾征吳，必不返爾。」果為吳將呂蒙麾下所殛，蜀遂亡。荊州玉泉祠，天下謂「四絕之境」。或言此祠鬼助土木之功而成，祠曰「三郎神」。三郎即「關三郎」也。

五代孫光憲《北夢瑣言》卷一一則以「關三郎」為禍亂長安之降瘟疫者：

唐咸通亂離後，坊巷訛言「關三郎鬼兵入城」，家家恐悚。罹其患者，令人寒熱顫慄，亦無大苦。［弘］農楊玭挈家自駱谷路入洋源，行及秦嶺，回往京師，乃曰：「此處應免關三郎相隨也。」語未終，一時股慄。斯又何哉。夫喪亂之間，陰屬旁作，心既疑矣，邪亦隨之，關妖之說，正謂是也。愚幼年曾省故里，傳有一夷迷［遣］鬼魘人，閭巷夜聚以避之，凡有窗隙悉皆塗塞。其鬼忽來，即撲人驚魘，須臾而止。（據陳寅恪〈韋莊《秦婦吟》校箋〉校改）

請注意，這裡所謂「關妖」之說顯然與關羽毫無關聯，故事發生地也非當陽玉泉。俞樾《茶香室叢鈔》卷一五引此兩段後，斷言：「按此關帝之神，在唐時已洋洋乎如在其上，如在其左右矣。」則忽略了以「關三郎」為「妖」的說法。陳寅恪在〈韋莊《秦婦吟》校箋〉裡曾懷疑「華岳三郎亦可稱關三郎」，他引用翟理斯〈《秦婦吟》之考證和校釋〉等文，對「路旁試問金天神，金天無語愁於人」丁本「金天神」下

注謂「華岳三郎」提出旁證，並舉《唐大詔令集》七四〈典禮類‧岳瀆山川門〉先天二年八月二日〈封華岳神為金天王制〉，引《北夢瑣言》卷一一「關三郎入關條」釋「旋教魘鬼傍鄉村，誅剝生靈過朝夕」兩句，認為：

> 華岳三郎與關三郎實非有二，明矣。至華岳三郎亦可稱關三郎之故，豈亦潼關距華岳不遠，三郎遂亦得以關為號耶？[117]

宋人記載這一故事，則逕以「關三郎」為與關羽同時殉難之關羽之子關平。張商英（西元一〇四三年至一一二一年）元豐四年（西元一〇八一年）撰述當陽玉泉寺〈重建關將軍廟記〉言：

> 先有大力鬼神與其眷屬，怙恃憑據，以帝神力，故法行業，即現種種諸可怖畏：虎豹號躑，蛇蟒盤瞪，鬼魅嘻嘯，陰兵悍怒，血唇劍齒，毛髮髵髶，醜形妖質，剡然千變。法師愍言：「汝何為者，生死於幻，貪著余福，不自悲悔？」作是語已，音跡消絕，頒然丈夫，鼓髯而出曰：「我乃關羽，生於漢末，值世紛亂，九州瓜裂。曹操不仁，孫權自保，虎臣蜀主，同復帝室，精誠激發，洞貫金石，死有餘烈，故主此山。所嗜唯殺，所食唯腥。諦觀法師，具足殊勝，我從昔來，本未聞見。今我神力，變見已盡。而師安定，曾不省視，汪洋如海，匪我能測。大悲我師，哀愍我愚，方便攝受。願舍此山，作師道場。我有愛子，雄鷙類我，相與發心，永護佛法。」師問所能，援以五戒。帝誠受已，復白師曰：「營造期至，幸少避之。」其夕晦冥，震霆掣電，靈鞭鬼捶，萬壑浩汗，湫潭千丈，化為平址。黎明往視，精藍煥麗，檐楹欄楯，巧奇人目。海

117　陳寅恪〈韋莊《秦婦吟》校箋〉，輯入《寒柳堂集》。又翟理斯（Herbert A. Giles，1845～1935）為英國漢學家。1897 年任劍橋大學中文教授 30 餘年。畢生致力於介紹中華文化。其文原載《通報》第二十四卷第四、第五合期，譯文載《燕京學報》第一卷第一期。

內四絕，遂居其一。以是因緣，神亦廟食千里，內外廟供雲。稽違有督，怠慢有罰，捐絕金幣，匍匐恐後。玉泉以甲，實神之助。[118]

這裡把關羽皈依佛門以前的形象描述為「大力鬼神」，能夠「震霆掣電，靈鞭鬼捶」，「所嗜唯殺，所食唯腥」。而唐代「開關寺址」之說，又變為「黎明往視，精藍煥麗，檐楹欄楯，巧奇人目」，關羽儼然成為高明的建築設計兼工程施工之承包人了。

南宋度宗咸淳間（西元一二六五年至一二七四年）釋志磐據景遷《宗源錄》、宗鑑《釋門正統》撰成《佛祖統紀》，在卷六〈智者大師傳〉中，也沿襲了張商英的說法。關羽父子奉佛成神傳說的影響幾於坐實，不容置疑。同書卷三十九〈法運通塞志〉復言：

隋開皇十二年十二月，智者禪師至荊州玉泉山安禪七日，感關王父子神力，開基造寺，乞授五戒。師入居玉泉，道俗稟戒聽講五千人。

可知宋人眼中的「玉泉顯聖」傳說面貌。玉泉寺曾在宋元易代之際毀於兵燹。[119] 但該寺仍以「關羽成神」為募化主題，鍥而不捨，重新發現宋代遺址。毛德〈新建武安王殿記〉言：

至大戊申（西元一三〇八年）歲，今之住持鐘山大師，見古祠朽腐，不稱觀瞻。遂於祠之後岡，剪伐荊蓁林木，削平丘阜，營治殿基。而掘彼根株，忽現出礎磚而露其階砌，星被棋布，舊跡宛然。與今時規畫，若合符節，於是掄材陶瓦，接續興功……延祐甲寅（西元一三一四年）歲孟秋，武安王新殿成。聖像端供，百神像設，曲盡其妙……增林泉之

118 康熙刻本《玉泉寺志·詞翰補遺》，承當陽關陵文管會原主任姜耀南提供複印件，謹志謝意。又據張商英〈荊門玉泉皓長老塔銘〉，承皓示寂於元祐六年（1091）十二月十八日。
119 據《玉泉寺志》，玉泉寺曾在南宋紹興年間（1131～1162）、端平元年（1234）及元至正十七年（1357）三次毀於兵燹及火災。玉泉寺志編纂委員會編（內部發行），2000年6月印刷，第36頁。承該書主編周天裕先生持贈，謹致謝忱。

偉觀，使數百年埋沒之故址，一旦重輝。茲以臺
岸舉工，就嵌片石於其中，以紀歲月云爾。[120]

今存湖北當陽玉泉寺有元代鑄鐘兩口，放置
於大雄寶殿月臺南北角。據介紹，北邊鐘身鼓腹
上陽刻銘文為：

當陽玉泉寺元代至大年間鑄鐘，銘文大力謳歌關公的忠勇精神，代表了漢傳佛教對其的讚許。

> 荊門玉泉在襄漢，為大精舍，山水佳勝，乃
> 陳隋智者顗禪師遺跡之地。後唱教於天台，而浙
> 終焉。佛隴而龕護，唯謹關公雲長，生為忠臣，
> 沒封王神，廟食茲山，感師之德，以威力夜挾雷
> 雨，撼搖山隴，撤龕鑰，移定身，而歸葬玉泉。
> 異哉！公以宿願力而護法，如長城宜壯節，猛烈雄偉，卓出千古，垂之
> 國史，而英風不泯也。[121]

寺僧不但堅持「關羽為智顗建廟」的漢傳佛教傳說，同時又肯定了
儒家以關羽為「猛烈雄偉，卓出千古，垂之國史，而英風不泯」的價值
觀。這應當是元代關羽崇拜能夠跨越三教的主要原因。而且鑄鐘募化的
範圍跨越鄂、湘、贛三省，即知關羽崇拜之影響和普及程度，已經超勝
高僧大德，而且成為一方勝景。來往儒臣文士觀賞風景的同時，也紛紛
來此憑弔「大王塚」了。[122] 這也是明代儒生整理的小說文本儘管已經刪
卻了許多宋元以來「怪力亂神」的傳說，卻不得不保留「玉泉山關公顯
聖」記述的緣故。

120　毛德〈新建武安王殿記〉，《解梁關帝志》卷三。
121　《玉泉寺志》，第156～157頁。
122　《解梁關帝志》卷四〈藝文下〉輯錄一組蒙漢官員在玉泉山的詩詠，其中有李俊民、劉緯、
　　　程嚴卿、何洤、周午、李鑑、迺賢等。《元史‧劉伯林傳》載劉伯林濟南人，與史天澤、嚴
　　　突、張柔同為漢軍四大萬戶。其子劉馬襲職萬戶，有子十二人，長子劉元振襲萬戶。元振
　　　卒，子劉緯襲萬戶職。或即其人。李鑑當為胡琦《關王實錄》作序者。

佛教戰神毘沙門

　　但為什麼關公信仰會在北宋發生突變，一躍而為宋代軍神？這是後人百思而不得其解的謎團。如果用形式邏輯推演，或者費盡心血蒐羅證據，都不可能用「漸進」方式得到解釋。其間還有一個重要原因，不得不提。

　　如眾周知，戰爭形勢詭異，戰局變化多端，並非端賴人力所可周密謀定。唐玄宗時開始有佛教戰神傳入中國。唐代不空《毘沙門天王儀軌》云：

　　唐天寶元載壬午歲，大石、康五國圍安西城。其年二月十一日有表請兵援救。聖人告一行禪師曰：「和尚，安西被大石、康□□□□□國圍城，有表請兵。安西去京一萬二千里，兵程八個月然後到。其安西即無朕之所有。」一行曰：「陛下何不請北方毘沙門天王神兵應援？」聖人云：「朕如何請得？」一行曰：「喚取胡僧大廣智即請得。」……集人道場，請真言未二七遍，聖人忽見有神人二三百人，帶甲兵於道場前立。聖人問僧曰：「此是何人？」大廣智曰：「此是北方毘沙門天王第二子獨健，領天兵救援安西，故來辭。」至其年四月日，安西表到云：「去二月十一日巳後午前，去城東北三十里，有雲霧斗闇。霧中有人，身長一丈，約三五百人，盡著金甲。至酉後鼓角大鳴，聲震三百里，地動山崩，停住三日。五國大懼盡退軍，抽兵諸營墜中，並是金鼠咬弓弩弦及器械損斷，盡不堪用。有老弱去不得者，臣所管兵欲損之，空中云：『放去不須殺。』尋聲反顧，城北門樓上有大光明，毘沙門天王現身於樓上。其天王神樣，謹隨表進上者。」[123]

---

[123]　載《大正藏》（NO,1249）卷二一，第 227 ～ 230 頁。臺灣新文豐出版社 1983 年版。

　　這裡強調的是神力因素干擾，致轉敗為勝的事例。文中所述「聖人」為佛教對唐玄宗李隆基的尊稱，而「大廣智」即不空（Amoghavajra）本人。一行（西元六八三年至七二七年）即後世以天文學著稱之高僧張遂，先後曾為前文所述玉泉弘景、北禪普寂之弟子，後從金剛智習密宗。[124]

　　按毘沙門天王（Vaiśravaṇa）原名俱毘羅（Kubera），原為古印度佛教神話中的北方守護神。[125] 本負有領兵護法之責，「復有三萬六千諸藥叉眾，毘沙門天王為其上首」，[126] 且「為鬼將軍，攝諸鬼神」，並得到佛陀認可讚許，「爾時佛告毘沙門天王，快哉鬼神大王，欲護陀羅尼經者。」[127] 在佛教典籍《增一阿含經・四天王品》、《大集經》、《金光明經》、《愚賢經》等都有他護持佛法的記載。《大唐西域記》曾記述玄奘在縛喝國和瞿薩旦那國（于闐）聽到幾則有關他的故事。[128] 著名的洛陽龍門石窟奉先寺盧舍那佛前，已有他擎塔的雕像（右圖）。但其大規模傳入中國的時機，則以唐玄宗時佛教密宗不空、金剛智和善無畏（合稱「開元三大士」）時為盛，尤以作戰危急時「現形助陣」為最。錢鍾書曾道，臨陣降神，「兵不厭詐，古兵法中初不廢裝神搗鬼以為人定之佐也」，西方戲劇亦有「情事危險，神道出現」之說。[129] 此節史實，周一良曾在其哈佛大學博士論文〈唐代印度來華密宗三僧考〉中辨析甚詳。[130]

124　一行生平可參呂建福《中國密教史》，中國社會科學出版社 1992 年版，第 224 ～ 245 頁。

125　毗沙門天王或實有其人。提雲般若譯《佛說大乘造像功德經》卷上言：「唯有北方毘沙門子那履沙婆，曾於往昔造菩薩像，以斯福故，後得為王，名頻婆沙羅，復因見我，今得生天，有大勢力，永離惡道。」蓋緣佛陀生於印度北方，毘沙門王可能是他早期有勢力的施主。

126　義淨譯《金光明最勝王經》卷一〈序品第一〉。

127　北涼法眾等譯《大方等陀羅尼經》卷三。

128　參《大唐西域記》卷一〈縛喝國・納縛僧伽藍〉。

129　參《管錐編》第一冊，第 320 頁。

130　周氏論文原係以英文刊載於《哈佛亞洲學報》第八卷（1945 年）第三、四號上。中譯本題改作〈唐代密宗（Tantrism in China）〉，上海遠東出版社 1996 年 7 月版。

宋初贊寧所撰《高僧傳》言，唐玄宗因此神蹟，「因敕諸道城樓置天王像，此其始也。[131]」唐代奉祀毘沙門的風氣極盛。玄宗在開元中就曾派人去于闐國摹寫毘沙門像；

開元十四年玄宗東封回，敕車政道往于闐國摹寫天王樣，就（相國）寺壁畫焉。僧智儼募眾畫西庫北壁，三乘入道位次，皆稱奇豔。[132]

又說玄宗「圖像於旗章」，是用於征戰；「百夫之長資以指揮」，是用於紀律；「十室之邑嚴其廟宇」，是意在防衛。開啟了敬繪及奉祀毘沙門天王像的風氣。盧弘正〈興唐寺毘沙門天王記〉云：

毘沙門天王者，佛之臂指也。右扼吳鉤，左持寶塔，其旨將以摧群魔，護佛事，善善惡惡，保綏斯人。在開元則玄宗圖像於旗章，在元和則憲皇交神於夢寐。佑人濟難，皆有陰功。[133]

中晚唐戰禍動亂不斷，毘沙門天王也因此上升為唐王朝的護佑神祇。元和七年（西元八一二年）柳澈撰有〈保唐寺毘沙門天王燈幢贊〉，已明言：

祈感帝夢，帝□□□儀形筆修，紺殿斯立，事詳豐碑。幢則敘天王之鎮保唐也，□□□□□□□哉！靈□□儼若睹，像形肅金□□□□□□□□□□□□□□氣□掌塔瞪注，持矛傑立。

---

131 《宋高僧傳》卷一〈唐京兆大興善寺不空傳〉，中華書局 1993 年 2 月校點本。
132 《宋高僧傳》卷二六〈慧雲傳〉。
133 《全唐文》卷十三〇。

又讚詩其一云：

天王垂跡，肇興於闐。威靈傍洽，仰之鈐鍵。爰祚我唐，昭乎變現。廓土開疆，□騰電烇。

其二：

唯王有國，唯神有靈。教興印度，德洽大庭。綿歷歲紀，天資克成。僧蘭是托，國步爰旌。[134]

這直接促進了唐代社會中毘沙門天王崇拜的興盛。段成式《酉陽雜俎》亦載：

李夷簡元和末在蜀，蜀市人趙高好鬥，常入獄，滿背鏤毘沙門天王。吏欲杖背，見之輒止。

成式門下騶路神通，每軍較力……背刺天王，自言得神力，入場神助之則力生。常至朔望日，具乳糜，焚香袒坐，使妻兒供養其背而拜焉。[135]

又高彥休《唐闕史》卷下〈夢神醫病者〉：

青龍寺西廊近北，有繪釋氏部族曰毘沙門天王者，不詳誰氏筆跡，而精妙如動，祈請輻輳，傳有神異。嘗有民居新昌里者，因時疫百骸綿弱，不能勝衣，其室甚富，有妻且少，視之燕宋也。母氏啜泣，遍訪醫巫，竟無能原其病狀。一日，自言欲從釋氏，且不能破倚，其可髡首而緇體乎？母徇其欲，肩致繪壁之下，厚施主僧，眼食於寺廡。逾旬喜寐，夢有人魁形鎧服，焰加於肩，弓楛其臂，持筋類鱠，以食病者。復若嚴

134　《金石粹編》卷一〇六，中國書店影印本第三冊。
135　段成式《酉陽雜俎》，北京燕山出版社 1999 年 12 月版。

悸，促迫咀嚼，堅韌不堪其憂。所食袤丈，蓬然而覺，綿骨木強矣。又明日能步，又明日能馳，逾月以力聞。先是，禁軍懸弧矢之六石者於門，且示曰：「能引其半者，駢糧以賜之，滿者倍斯。」民應募，隨引而滿，於是服厚祿以終身。[136]

中唐李筌所著《神機制敵太白陰經》是唐代著名兵書，其中輯有〈祭毘沙門天王文篇第七十八〉，記述唐軍出征時例必祭告毘沙門天王的儀典祝辭，並描述其法力：

以寶塔在手，金甲被身，威凜商秋，德融湛露。五部神鬼，八方妖精，殊形異狀，襟帶羽毛；或三面而六手，或一面而四目，瞋顏如藍，磔髮似火，牙卒嵂而出口，爪鉤兜而露骨，視雷電，喘雲雨，吸風飆，噴霜雹。其叱吒也，豁大海拔，須彌，摧風輪，粉鐵圍，並隨指呼，咸賴驅策。國家欽若，釋教護法降魔，萬國歸心，十方向化。

天王宜發大悲之心，軫護念之力，殲彼凶殘，助我甲兵，使刁斗不驚、太白無芒，雖事集於邊將，而功歸於天王。[137]

正因相信毘沙門天王具有能夠透過祈禱顯神助戰的功能，所以中唐以後的混戰中各方將領都要設祭求佑，至今敦煌、大足等地仍存多種毘沙門天王及其眷屬的畫像或者石雕。據《敦煌莫高窟內容總錄》記載，晚唐五代至北宋的毘沙門天王造像，在敦煌至今尚存二十多鋪。[138]

又《五燈會元》卷一三華嚴修靜章次：

136　高彥休《唐闕史》卷下。

137　李筌號少室山達觀子，兩《唐書》無傳。大約生活在肅宗、代宗年間。乾元二年（759）〈進太白陰經表〉稱「正議大夫持節幽州軍州事幽州刺史並本州防禦使上柱國臣李筌上表」，唐永泰四年（768）〈序〉署名「河東節度使都虞侯臣李筌撰」。可得時代之概。

138　參敦煌研究院謝生保等編著《敦煌藝術之最》，甘肅人民美術出版社 1993 年 6 月版。編者持贈，謹致謝意。

問：「大軍設天王齋求勝，賊軍亦設天王齋求勝，未審天王赴何願？」師曰：「天垂雨露，不挑選枯榮。」

這又成為禪宗機鋒中一個矛盾律命題。類似情形也曾出現在後世關羽崇拜之中，另文再敘。

一九八七年陝西法門寺佛塔地宮發掘時，發現了咸通十五年（西元八七四年）唐懿宗迎奉佛指舍利時入藏的完整的唐密曼荼羅道場，出土了數千件絕世文物，曾經轟動了世界考古界和宗教界。這個地宮由唐僖宗敕令封閉，完善保存至今。其中的毗沙門天王已經變為

陝西法門寺地宮北方天王坐像。可知晚唐毗沙門造像已經漢化，接近後世關公造像了。

四大護法天王之「北方大聖」，地位顯然與密宗初傳時大有不同。其中供奉佛指舍利之八重寶函中的第七重「鎏金四天王盝頂銀寶函」，正面之「北方大聖毗沙門天王」像猶一手持杵，一手捧塔，保持著初來中土時的形象。而在安置在地宮前室琥珀石料雕鏤的護法諸神中，「北方多聞天王」已然變成右手持劍、左腿上蜷作「遊戲坐」、幞頭盔甲等式樣，已經很接近金代神像中之關公了。

孫光憲《北夢瑣言》卷第九描述了唐五代於毘沙門天王信仰的衰歇和延續：

唐彭城劉山甫，中朝士族也。其先宦於嶺外，侍從北歸，泊船於青草湖。登岸見有北方毘沙門天王，因詣之，見廟宇摧頹，香燈不繼。山甫少年有才思，元隨張處權請郎君詠之，乃題詩曰：「壞牆風雨幾經春，草色盈庭一座塵。自是神明無感應，盛衰何得卻由人。」是夜，夢為天王所責，自云：「我非天王，南嶽神也。主張此地，汝何相侮？」俄而警覺，而風浪陡起，倒檣絕纜，沉溺在即。遽起悔過，令撤詩牌，然後已。山甫自序。[139]

又同書卷第十七提到李克用：

曾於新城北以酒酹毘沙門天王塑像，請與僕交談。天王被甲持矛，隱隱出於壁間。或所居帳內，時如火聚；或有龍形，人皆異之。[140]

尤其值得注意的是，最初造出「關羽皈依佛門」傳說的天台宗，此刻已與密教「融攝無遺」了。《釋門正統·慧才傳》描寫受戒儀規，天台僧人不但能懺摩，而且也行灌頂之法：

元豐元年春末，緇素萬指求大戒。（慧才）先為懺摩，然後授甘露法。方羯摩時，道場中觀音像頂放光表證，初貫寶焰，朦朧煜熚，漸次舒發，輝散講堂，猶如隙光，斜迸飛入；又如水光，側影反射。檐廡道場燃炬，及與日光，不能映奪。[141]

139　孫光憲《北夢瑣言》卷九，上海古籍出版社。
140　同上。卷第十七。薛居正《舊五代史·唐書·武皇紀上》亦言「新城北有毘沙天王祠，祠前井一日沸溢，武皇因持酒而奠曰：『予有尊主濟民之志，無何井溢，故未察其禍福，唯天王若有神奇，可與僕交厄談。』奠酒未已，有神人被金甲持戈，隱然出於壁間，見者大驚走，唯武皇從容而退，由是益自負。」
141　據《佛祖統紀》、《釋氏稽古略》：慧才俗姓王，浙江永嘉樂清人，宋真宗祥符初年（1008）

　　嚴耀中認為，「上述所謂授甘露法即是灌頂法。南宋若訥也有類似情況。」「此外還有寺院法物為證，如有陀羅尼經幢樹立在智者大師所創的天台高明寺前，該寺內『金剛密跡，擁護其前』，楞嚴壇上的『大陀羅尼門能總持一切』，故至少到明代此寺尚有很濃重的密教氣息。而立於平陽靈順廟的陀羅尼經幢，也是『天台教沙門』在宋代所樹。」並言天台與密教「此時間上說，兩者結合最引人注目的高潮卻是在五代二宋。」[142] 這當然是在開元三大師傳法的「原教旨」密教消歇以後，其教義儀軌必定呈現出本土化趨勢，或者將部分轉移隱藏到其他本土化的佛教中去。天台宗在接續密教香火的同時，也開始了密教的本土化過程。

　　密教化的天台宗，或稱天台化的密教既已在宋代廣泛傳播，則唐時關羽為天台護法的故事，與密教以毘沙門天王為護法的傳說，也具有了融會貫通的因子。

　　但是在敦煌這樣因唐末五代而與中原隔絕的地區，密宗興盛衰減的頻率週期或有不同。呂建福分析說：

　　　毘沙門信仰之為唐人接受，有這麼樣一個歷史背景：唐在西北的用兵和皇室對密宗的崇信。天寶以來，西北邊陲戰事屢起，唐數次用兵安西和吐蕃。在安西一帶的將士們長期爭戰中，接受了當地的文化影響。密宗大師不空及其弟子，在天寶十二年（西元七五三年）亦在「西北邊

　　獲准剃度，年十三受具足戒，往四明山追隨法智大師。因愚痴遲鈍常持誦《大悲咒》，一夜忽夢身長數丈之清淨僧人脫袈裟覆於其身，次日豁然開悟，所聞佛法，一時洞徹。後從慈雲遵式大師，日夜精勤。宋英宗治平初年（1064），居於法慧寶閣，賜號「廣慈」。不久隱退雷峰塔下，日誦《大悲咒》一百零八遍，又曾誦阿彌陀佛聖號翹足仰望一晝夜。一晚夢達極樂世界七寶樓閣清淨宮殿，方知淨土中品是其階位。宋神宗元豐元年（1078）春，為僧俗二眾千人授菩薩大戒於雷峰塔，淨慈守一禪師特作〈受戒放光記〉。元豐六年（1083）五月二十一日坐化，時年八十六歲。

142　嚴耀中〈試論漢傳密教與天台宗的結合〉，《漢傳佛教》第 69、67、77 頁。嚴著《漢傳密教》一書另有〈宋代的密教高潮〉一章綜述此題，羅列多方證據，亦可一併合觀。

隆，請福疆場」，西北諸將哥舒翰、高仙芝、封常清等均與不空相來往。不空亦在此地開譯場、行密法，其《毘沙門天王經》或即譯於此時，毘沙門信仰、西北戰事、密宗行法，都在這裡融會起來。安史之變，諸邊將都先後東返，從軍事上、宗教上參預了平亂和擁立肅宗復京的重大活動。這樣于闐的毘沙門信仰也隨之傳入內地，直接促成了唐朝毘沙門信仰的形成和普及。[143]

但隨著唐朝滅亡及唐密消歇，毘沙門信仰亦應隨之發生變化。[144]

考慮到西夏陷沙州後曾經統治過敦煌，則其對毘沙門天王的崇信亦應當在西夏佛教中得到延續，神像中出現毘沙門天王或其二郎獨健形象，也應當是順理成章之事。據社科院民族研究所白濱介紹，在黑水城同時出土的佛教文獻殘版中，還有護法神主版畫（TK275，宋刻本，7.5×8.7cm）、護法神版畫（TK227，宋刻本，

寧夏賀蘭縣宏佛塔出土絹質卷軸畫〈護法神像圖〉

15.5×8.5cm）、護法天王像（榜題「楞嚴大師」，Φ308A，宋刻本，21×16cm）。[145] 包括近年陸續出土的西夏藏傳密教造像，也應當是這一現象的組成部分。

143　《中國密教史》，第 365～366 頁。

144　黑水城文獻中亦發現有密宗文獻，如 φ221＋φ228＋φ266R《大乘入藏錄》卷上；φ221＋φ228＋φ226V：1. 八種粗重犯墮；2. 常所作儀軌八種不恭；3. 大乘祕密啟發；4. 咒惜財不布施者詩偈並畫。參府憲展〈敦煌文獻辨疑錄〉，載《敦煌研究》1996 年第二期。

145　白濱〈《俄藏黑水城文獻》中的宋代文獻〉，輯入《宋代歷史文化研究（續編）》，人民出版社 2003 年 9 月，第 398 頁。

　　一九九〇年寧夏賀蘭縣宏佛塔維修時出土絹質卷軸畫〈護法神像圖〉，畫面 82×53cm，護法神冠頂上又出一法像，神像長髮後揚，突眉怒目，亦右持叉，左托物。右上角有一長方形榜題，墨書四個漢字「□□真君」。[146]

　　目前尚未聞知西夏有任何崇尚關羽的風習，但是他們信仰的佛教為藏傳密教，仍然保留著毘沙門天王信仰。這就造成一種奇怪的現象，在宋廷與西夏半人半神的邊境戰爭中，宋軍認為是二郎神或者關羽神現形相助的奇蹟，都是以西夏人眼中毘沙門天王的神蹟形式出現的。這種形態還延續到了金與西夏的戰事中，或許也正是西夏人對於關羽神像產生興趣，並收藏入黑水城佛塔中的原因。從宋朝來說，毘沙門信仰次後實際上是轉移到關羽身上了，其時道教杜撰的「托塔李天王」尚未得聞。

河北蔚縣單堠村關廟「托塔關公」圖像

　　推想毘沙門天王信仰失傳的原因之一，或者就是供奉毘沙門及其眷屬的方式繁雜，靡費過甚，使中唐五代戰禍頻仍中的信善百姓難以承擔，故轉向其他簡易教派或偶像供奉。讀者想必熟悉《水滸傳》，林沖

146　《文物天地》雜誌 2004 年第二期 89 頁。

發配，去守天王堂，得了好處的差撥告訴他「這是營中第一樣省力的勾當，早晚只燒香掃地便了。」這是基於宋代以後毘沙門天王信仰已然衰落，才可能作此描述。

又毘沙門天王在佛教中本負有領兵護法之責，「復有三萬六千諸藥叉眾，毘沙門天王為其上首」，[147] 而且「為鬼將軍，攝諸鬼神」，並得到佛陀的認可讚許，「爾時佛告毘沙門天王，快哉鬼神大王，欲護陀羅尼經者。」[148] 這些都與唐時已傳關羽皈依佛門，又欣然為佛教作護法伽藍事相類，關羽並在道教系統中擔任東嶽廟雷部眾神之首，「提典三界鬼神刑獄公事大典者」，亦與密宗毘沙門天王職責相當。[149] 道教興起以後，抄襲佛教神祇並使之中國化，亦踵兩教爭鬥慣技之常。可參後文〈「關帝斬蚩尤」考〉中「關羽崇拜與正一派崛起」一節。

關公信仰緣毘沙門天王而傳布仍有蹤跡可尋。王世貞序本《萬曆（南）通州志》卷五〈雜誌〉言：

關王廟：一在州治西北，唐天寶五年建；一在州治西南，舊名天王廟，宋太平興國五年建，弘治間千戶王舜臣拓地改建。[150]

---

147 義淨譯《金光明最勝王經》卷一〈序品第一〉。
148 北涼法眾等譯《大方等陀羅尼經》卷三。
149 今泰山猶立有關帝廟一所，2003 年 1 月筆者應泰山風景區管委會李傳旺主任之邀，由管委會張用衡先生陪同特意前往考察。據介紹，關帝廟位於泰山南麓，自此登山始有盤道。廟踞盤道西側，原名關帝祠，又稱山西會館。相傳山西商客建祠祀關羽，創建年代無考，明清拓修而成。建築群分為東南、東北、西南三組。第一組由影壁、南山門（戲樓）、戲臺、配殿、拜棚、正殿等組成，為祭祀區；第二組由東門、憩廳、東廂房、過廳、西廂房組成，為祭祀休息區；第三組原稱山西會館，占整個建築群的二分之一，大部分已改造，今存南山門、正殿和左右配殿，現為國家文物局培訓中心。整個建築規模宏敞，築構精美，均飾彩繪交清式墨線小點金和墨線大點金。三組建築年代各異。第一組較早，清初又建第二、三組。1983 年重修。
150 輯入《天一閣藏明代方志選刊》卷五，第 586 頁。

103

　　此兩處關廟，一與「天寶」年號及「西北」方位有關，一則與「舊天王廟」有關。作為證據，我還在河北農村清代關廟中拍攝到了「托塔關公」的圖像。論者多據明中葉《西遊記》、《封神演義》認為，毘沙門天王隱退成為「多聞天王」以後，其神功法力已經轉移到道教的「托塔李天王」身上，其實不確。

　　由於毘沙門天王信仰後來在藏傳密教中延續，且因此影響到蒙古、滿洲等信眾，以致關公具有類似毘沙門天王「臨敵助戰，護佑勝利」功能的傳說，能夠順利地跨越朝代、民族，影響深遠。事實上，宋、金、元、明、清乃至中華民國初年將近千年，關公一直被軍隊視作「戰神」。而國家軍隊也是第一個崇奉關公具有延續性的特大社會群體。後文續證。

「戰神」關公

　　如果僅僅是佛教一宗一寺的「顯聖」傳說，所在多有。從桂林龍隱岩佛徒碑刻即以關公續接天台智顗，又加予「擎天得勝」稱號來看，關公此時已經另有使命在身，這就是「戰神」。另一通記述年代、地理相近的宋碑能夠證實這個微妙而意義深遠的變化，這就是至今猶存山西沁縣博物館的元豐三年（西元一〇八〇年）〈威勝軍新建蜀蕩寇將〔軍漢壽亭〕關侯廟記〉。雍正十三年《山西通志》概要介紹說：

　　沁州漢壽亭侯廟：宋仁宗時儂智高陷邕州，銅川神虎第七軍以矯捷應募。行次荔浦，禱於祠下。廣源以南地，多深林，蠻伐木塞路。忽大風捲臥木，軍得並進。及戰，有神兵旗幟戈甲，彌亘山野。敵顧望恇怯，軍遂大克。歸建廟。李漢傑撰記。[151]

151　雍正《山西通志》卷一百六十六，第 41 頁。

其實不夠確切。該碑全文甚長，為省篇幅，僅將相關文字抄錄如下：

向也交阯入寇廉、白，熙寧九年，今上矜惻下民，詔元戎舉兵問罪。沁州銅川神虎第七軍以趫捷應募者，由任真而下，凡二百三十七人，隸於左第一軍前鋒之列。樅金伐鼓，行踰桂州，駐旌荔浦，遇將軍之祠下。詢其居民，對曰□其始，得□□□□。皇祐中，儂賊陷邕州，禱是廟，妄求福助，擲杯不應，怒而焚之。狄丞相破智高，乞再完。仁宗賜額，以旌靈貺。眾駭其異，羅拜於庭，與神約曰：一軍誓假威靈，平蠻得儁，長歌示喜，高躡太行，而北歸舊里，當為將軍構飾祠宇。復請木（刀）繪馬，執為前驅，入踐賊界，士氣驍銳，武威震疊，蠻將聞鉦鼓，望風乞降，餘眾棄城而遁。進軍臨富良江，蠻酋遣將，乘蒙衝鬥艦，舉楫若飛，急趨爭岸，迎官軍陸戰。江北神虎軍鼓噪先登，強弩雨射，賊大奔（潰）自相騰轢，斬首及溺死者數萬餘人。既捷，榮雄受爵賞者二十六人。任真、賈信、董寧並指揮使，余以功之高下，遞補有差。

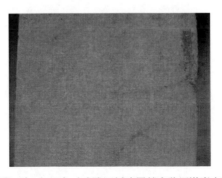

山西沁縣博物館藏北宋元豐三年（1080）〈威勝軍新建蜀蕩寇將軍漢壽亭關侯廟記〉，詳盡敘述了他們奉命遠馳廣西抵禦交阯軍入侵，密林中遭遇伏擊時，如何得到關公率陰兵救助，全軍平安，回到駐地後集體立廟，酬謝關公的過程。

　　先是，我軍之行也，廣源以南地多深林，密於櫛比。蠻人預伐，橫絕其路。結營息眾，勢莫能前。夜有大風暴發，怒號之聲，若撼萬簨。遲明視之，臥木飛盡，九軍得以並進。我軍之戰也，眾與敵均。俄有陰兵，旗幟戈甲，彌亘山野，敵人顧望，惴恐而敗。精誠所召，助順之靈。暴風夜至，陰兵晝見，神以符效，應人之禱。神虎軍踴躍請行，深入萬里，果立戰功。歸而建廟以享祀，荅神之休。廟制一新，高堂峻廡，雕煥森嚴。費逾千計，出於眾心悅助，其賓成之不日，事有極異不著，於辭久則寂無所聞。乃礱石鏤記，永傳嘉應，於神無愧負矣。[152]

　　碑文提到「迄今江淮之間，尊其廟像，尤以為神」，已與前引劉禹錫〈自江陵沿流道中〉詩句「行到南朝征戰地，古來名將盡為神。」地域相關，時代踵繼。可以見出，關公信仰在唐宋之際，已經開始從荊楚地區沿長江而下了。

關雲長夜讀春秋（攝於解州關帝廟）

152　原文載馮俊傑主編《山西戲曲碑刻輯考》，中華書局 2002 年 1 月出版，第 16 ～ 25 頁，唯錯訛漏失甚多，難以卒讀。複查得文淵閣本四庫全書輯錄乾隆《山西通志》卷二百〇一〈藝文〉亦載節本，題目作〈漢壽亭侯廟記〉，後蒙山西友人張小別、景曉雄提供碑拓及攝影照片，校定此文。

　　請注意，這裡實際上談到在廣西先後發生的兩次戰事，第一次是仁宗朝狄青為主帥征伐儂智高，第二次是神宗朝郭逵為主帥逐走交阯（西元一○七六年），《宋史》均有記載。也和北宋其他戰事一樣，這場戰爭依然是在「半人半神」的狀態下進行的。《宋史·狄青傳》說他「臨敵被髮，帶銅面具，出入賊中，皆披靡莫敢當」。頗有幾分天神鬼魅的模樣：

　　皇祐中，廣源州蠻儂智高反，陷邕州，又破沿江九州島，圍廣州，嶺外騷動……青明日乃整軍騎，一晝夜絕崑崙關，出歸仁鋪為陣。賊既失險，悉出逆戰。前鋒孫節搏賊死山下，賊氣銳甚，沔等懼失色。青執白旗麾騎兵，縱左右翼，出賊不意，大敗之，追奔五十里，斬首數千級，其黨黃師宓、儂建中、智中及偽官屬死者五十七人，生擒賊五百餘人，智高夜縱火燒城遁去。

　　司馬光言，儂智高攻廣州，「使勇士數十人，以青黛塗面，跳躍上岸，廣州兵皆奔潰。」[153] 亦或雙方都有「以儺制儺」的心理和威懾作用。又《宋史·郭逵傳》：

　　交阯李乾德陷邕管，召為安南行營經略招討使兼荊湖、廣南宣撫使，請鄜延、河東舊吏士自隨……至廣西，討拔廣源州，降守將劉應紀；又拔決里隘，乘勝取桄榔、門州，大戰富良江，斬偽王子洪真。乾德窮蹙，奉表歸命。時兵夫三十萬人，冒暑涉瘴地，死者過半。至是，與賊隔一水不得進，乃班師。[154]

　　請注意「時兵夫三十萬人，冒暑涉瘴地，死者過半」句，即知立碑之官兵雖經密林中敵軍設伏，倉促應戰，猶能全身而還，立功受賞，所

153　《涑水記聞》，中華書局校點本，第 258 頁。
154　又《邵氏聞見錄》卷八，亦以狄青、郭逵、楊遂、苗授「四人者，其功業、智勇、貧賤、遇合略相似，故並書之。」

以要回鄉為關公建廟，敬誠祈禱的心理了。

　　沁縣關廟立碑人達到七百八十多位，包括兩個屬於北宋「禁軍」編列的建制部隊的官兵：一個是「先於熙寧九年五月內選募，往安南道戰蠻」，參加了實際作戰的神虎軍，另一個是前來贊襄的宣毅第二十五指揮，都是戍守西夏的前線部隊以及上下級其他相關人員，恐怕是現存關廟碑刻中人數最多的。宋代兵制承襲晚唐五代「募兵制」，保留了一部分職業軍人，即「營伍子弟聽從本軍」。但是基本國策卻是招募災民，理由倒也簡單：「不受為兵，則恐為盜。」[155] 此外還有罪犯充軍及抓丁兩途。往往形同烏合，因此戰鬥力始終不振。[156] 所以在前線軍隊中亟需樹立榜樣或以「神道設教」激勵士卒奮勇之志，也是可以理解的。

　　不過「率陰兵助陣」的說法，並非中土素有風俗。在道教前身的方士觀念中，以「兵神」著稱正是蚩尤。《史記．天官書》云：

　　蚩尤之旗，類彗而後曲，象旗，見者王者征伐四方。

《雲笈七籤》卷一百引唐人王瓘《軒轅本紀》：

　　蚩尤始作鎧甲兜牟，時人不識，謂是銅頭鐵額。

　　於葛盧山發金作冶，製為鎧甲及劍，造立兵仗、刀戟、大弩等，威震天下。

　　類似今日「兵工專家」。唐初儒家祀典則以謀略之相姜尚為「武成王」，與孔丘「文宣王」對舉。

155　歐陽脩《歐陽文忠公集》卷五九。
156　可參郭汝瑰《中國軍事史》第三卷第五章第二節〈（宋代）兵源及兵役制度〉，第327～336頁。

第三章
社會轉型與價值重建

唐宋轉型

　　受到近代馬克思主義「社會發展五階段論」史學觀的影響，中國史學界一般認為「封建社會」（feudal society）曾橫亙中國社會數千年，至一八四〇年鴉片戰爭以後才蛻變為「半封建半殖民地社會」。但同時引進馬克思主義的日本史學界卻有不同看法。他們提出了「唐宋社會轉型論」，認為中晚唐以後中國社會開始發生重要變化，尤其是從經濟史角度看去，產生的社會變革已經接近「近代社會」。近年歐美等國學術界贊同這一觀點，開始影響中國學術界的觀念。[157] 此題關涉甚廣，我在二〇〇五年出版的《伽藍天尊》及《超凡入聖》兩書中都用大量篇幅加以論證，這裡只能作為本題闡述的背景。

　　社會轉型引發價值體系改變或者重建的事例，正在當代中國發生，人們並不陌生。美國哈佛大學卡斯維爾（Charles H. Carswell）講座教授包弼德（Peter Kees Bol）在他的代表作《斯文：唐宋思想的轉型》（*This Culture of Ours Intellectual Transitions in T'ang and Sung China*）中提出：

> 歷史學家承認，國家的價值觀在歷史的某些時期被重新界定，比如當社會發生變化、對財富的控制發生轉移、政治權力重新組織。[158]

　　引發唐宋「社會轉型」的關鍵，是由於「安史之亂」後唐王朝靠回紇、吐蕃平息叛亂，得以還都長安，遂有茶、瓷之筵宴賞賜。這也是游牧部族第一次享用到中原文明的新成果。但是茶、瓷在唐代本屬貢品，即限制生產之物品，王公貴族士大夫所用也只能依靠皇室賞賜，故出產

157　首先提出這一觀點的是日本學者內藤湖南（1866～1934）《概括的唐宋時代觀》（1910年）。經過多年討論，已為海外學者接受。近年開始影響中國學術界。

158　參〈唐宋轉型的反思──以思想的變化為主〉（http://tieba.baidu.com/f?kz=70183740）。

有限。但是回紇、吐蕃部族一經享用,頓覺依賴,於是屢有「索貢」之舉,甚至侵犯長安,皇帝不得不一再出逃。為了滿足回紇、吐蕃對於茶葉、瓷器的需求,朝廷不得不把貢品改為商品,從限制生產改為鼓勵生產,這才開創了著名的「茶馬交易」。唐德宗貞元九年(西元七九三年)還首開了茶稅的徵榷。據《新唐書·食貨志》記載,到了唐文宗開成年間,朝廷收入礦冶稅每年不過七萬餘緡,尚不及一縣之茶稅。這不但帶來了巨額的中央財賦,而且在中國以及周邊貿易地區普及了飲茶的習慣。傅築夫嘗引李珏言:

> 茶為食物,無異米鹽。於人所資,遠近同俗。既祛竭乏,難捨斯須。田閭之間,嗜好尤切。[159]

這表明後世俗語「開門七件事,柴米油鹽醬醋茶」在當時已成雛形,形成較大的商業規模。白居易〈琵琶行〉所詠江西茶商入長安、娶歌妓的豪奢生活,亦當出自這一背景。[160]

中晚唐社會的另一個變化,就是藩鎮割據狀態形成以後,中央和地方爭奪稅源財賦的問題。一般以建中元年(西元七八〇年)唐德宗接受楊炎建議,頒布「兩稅法」以替代租庸調法,為唐代賦稅制度改革的象徵。其背景是「安史之亂」以後,黃河流域備受荼毒,農業經濟受到巨大破壞,人口流動加劇,戶口耗減,唐初「以人丁為本」的租庸調制度實際上已無法實行。而且地方藩鎮的割據局面造成事實上的財稅獨立,中央政權的財政收入難以為繼。「兩稅法」主要適應人口流動和商業活躍的現實,以現實居住地重訂戶籍,定居者與流動人口分別計稅。

159　〈論茶稅疏〉,《舊唐書》卷一七三。
160　參觀傅築夫《中國封建社會經濟史》(北京:人民出版社1986年)第四冊,第六章和第七章集中論述了中晚唐手工業和商業的大幅進步。儘管受限於「封建社會」的框架未能充分發展,但是仍然論列大批史料,令人信服地描述了社會轉型為唐代帶來的變化。

　　茶、瓷開禁徵榷和「兩稅法」的實施對於社會轉型的意義，相當於一九八〇年以來中國以商品化和人口流動為象徵的「改革開放」。由此興起的各路貿易商幫也如雨後春筍，「暴富」人家則令文士官員為之側目，因此成為元和年間以白居易、元稹為代表的紀實體「新樂府運動」以「賈客樂」為題吟哦的對象。如劉駕〈賈客樂〉詩言：

賈客燈下起，猶言發已遲。
高山有疾路，暗行終不疑。
寇盜伏其路，猛獸來相追。
金玉四散去，空囊委路歧。
揚州有大宅，白骨無地歸。
少婦當此日，對鏡弄花枝。[161]

道盡了商賈之途的艱險莫測。又張籍同題詩：

金陵向西賈客多，船中生長樂風波。
欲發移船近江口，船頭祭神各澆酒。
停杯共說遠行期，入蜀經蠻遠別離。
金多眾中為上客，夜夜算緡眠獨遲。
秋江初月猩猩語，孤帆夜發滿湘渚。
水工持楫防暗灘，直過山邊及前侶。
年年逐利西復東，姓名不在縣籍中。
農夫稅多長辛苦，棄業長為販賣翁。

　　已經談及這個流動世界中不同的價值準則和棄農經商的過程。劉禹錫〈賈客詞〉更多描述了他們經商致富的過程：

161　《全唐詩》卷二一。

賈客無定遊，所遊唯利並。

眩俗雜良苦，乘時知重輕。

心計析秋毫，搖鉤侔懸衡。

錐刀既無棄，轉化日已盈。

邀福禱波神，施財遊化城。

妻約雕金釧，女垂貫珠纓。

高貲比封君，奇貨通幸卿。

趨時鷙鳥思，藏鏃盤龍形。

大艑浮通川，高樓次旗亭。

行止皆有樂，關梁似無征。

農夫何為者，辛苦事寒耕。

同時詩人紛紛吟詠此題，題旨遂一變而為指斥暴富之偽詐，感慨世風之不古矣。蓋源中唐商潮初興，牟利衝動乘時而起；逐利之風競相扇熾。何況鹽、茶、瓷等大宗物資禁榷初開，民間商販趨之如鶩，也很快形成貧富分化。故「新樂府」之〈賈客樂〉詩題，率多憫農傷貧，慨嘆不均之言。[162]

需要特別提及的是，在這群迅速流動的人口中，也免不了存在或者招來拉幫結夥的強梁寇盜。擔任揚州節度使掌書記的杜牧雖然是風雅詩人，但也不能總是吟哦「十年一覺揚州夢，贏得青樓薄倖名」這類旖旎詩詞。他在剛到揚州不久，寫過一篇公文〈上李太尉論江賊書〉談及當時情況：

---

162 「新樂府」前後的詩人，多有平和看待商人流動生涯的。如李白：〈估客行〉「海客乘天風，將船遠行役。譬如雲中鳥，一去無蹤跡。」杜甫〈野老〉：「漁人網集澄潭下，估客船隨返照來。」盧綸〈晚次鄂州〉：「雲開遠見漢陽城，猶是孤帆一日程。估客晝眠知浪靜，舟人夜語覺潮生。」張繼〈奉寄皇甫補缺〉：「京口情人別久，揚州估客來疏。潮至潯陽回去，相思無處通書。」李端〈送雍郢州〉：「城閒煙草遍，浦迥雪林分。誰伴樓中宿，吟詩估客聞。」可知「新樂府運動」時期正是唐代商風初起的階段。

伏以江淮賦稅，國用根本。今有大患，是劫江賊耳。某到任才九月，
日窮尋究訪，實知端倪。夫劫賊徒上至三船兩船，百人五十人，下不減
二三十人，始肯行劫，劫殺商旅，嬰孩不留。所劫商人皆得異色財物，
盡將南渡，入山博茶。蓋以異色財物不敢貨於城市，唯有茶山可以銷售。
蓋以茶熟之際，四遠商人皆將錦繡僧繒、金釵銀釧入山交易。婦人稚子
盡衣華服，吏見不問，人見不驚，是以賊徒得異色財物，亦來其間，便
有店肆為其囊橐，得茶之後，出為平人。[163]

而商幫作為唐代新興的民間團體，當時並無制度保護，流動性又極
大，因而與傳統「鄉里社會」形成不同價值觀念。元稹〈估客樂〉中
寫道：

估客無住著，有利身即行。出門求火伴，入戶辭父兄。
父兄相教示，求利莫求名。求名有所避，求利無不營。
火伴相勒縛，賣假莫賣誠。交關但交假，本生得失輕。
自茲相將去，誓死意不更。亦解市頭語，便無鄰里情。
鍮石打臂釧，糯米吹項瓔。歸來村中賣，敲作金石聲。
村中田舍娘，貴賤不敢爭。所費百錢本，已得十倍贏。
顏色轉光淨，飲食亦甘馨。子本頻蕃息，貨販日兼併。
求珠駕滄海，采玉上荊衡。北買党項馬，西擒吐蕃鸚。
炎洲布火浣，蜀地錦織成。越婢脂肉滑，奚僮眉眼明。
通算衣食費，不計遠近程。經遊天下遍，卻到長安城。

163　《樊川文集》卷十一，亦載《全唐文》卷七百五十一。近年有寧欣〈唐朝的「江賊」與「江
　　路」〉（《中國史研究》1996 年第 3 期）討論到這一問題。認為「江山闊遠，山川險阻，既
　　是官府統治的薄弱環節，又便於隱遁行跡，逃避官軍追捕。且江海溝通，湖泊縱橫，不僅有
　　廣闊的空間方便逃逸，而且為長途轉輸提供了便利條件。在水路仍是重要交通工具的當時，
　　『江賊』憑此地利，嘯聚水陸要衝，劫掠過往商旅，甚至上京貢船也在擄掠之列，所獲頗為
　　可觀。」與筆者另文論列的宋代「江湖社會」一題先後踵接，幸讀者留意。

城中東西市，閒客次第迎。迎客兼說客，多財為勢傾。
客心本明點，聞語心已驚。先問十常侍，次求百公卿。
侯家與主第，點綴無不精。歸來始安坐，富與王家勍。
市卒酒肉臭，縣胥家舍成。豈唯絕言語，奔走極使令。
大兒販材木，巧識梁棟形。小兒販鹽滷，不入州縣徵。
一身倚市利，突若截海鯨。鉤距不敢下，下則牙齒橫。
生為估客樂，判爾樂一生。爾又生兩子，錢刀何歲平。[164]

描述他們離鄉背井，連拐帶騙，走南闖北，而後財源滾滾，衣錦榮
歸，結交公卿，炫富擺闊的經歷。傅築夫《中國封建社會經濟史》還解
釋說：

在古代交通不便，道路不安全的情況下，販運價值連城的珍奇寶
貨，如係個人獨來獨往，則是非常危險的。因此商人在整裝待發前，首
先要和同行之人結成夥伴，即結成臨時性商幫。只有這樣，才能以團體
力量共同抗拒猝發性的禍害，以保障本身和貨物的安全。所謂「鉤距不
敢下，下則牙齒橫」，就是人多勢眾的結果，單獨個人是辦不到的。崔
融曾明確指出過這一點：「若乃富商大賈，豪宗惡少，輕死重義，結黨
連群，喑鳴則彎弓，睚眥則挺劍，少有失意，猶且如此。」其所以能動
則彎弓挺劍，睚眥必報，就是因為他們是「結黨連群」的團體行動。[165]

但民間詩歌卻洋溢著另外一種氣息。如在湖南發現的唐代長沙銅官
窯所燒民間瓷器題寫的詩歌，就多是遊子甚至估客之作，如「日日思前
路，朝朝別主人，行行山水上，處處鳥啼新」寫趕路，「男兒大丈夫，
何用本鄉居，明月家家有，黃金何處無」，寫漂泊；「小水通大河，山

164　《元氏長慶集》卷二三。
165　傅築夫《中國封建社會經濟史》第四冊，第 398 頁。

深鳥雀多，主人看客好，曲路亦相過」，寫萍水相交的友誼；「夜夜掛長鉤，朝朝望楚樓，可憐孤月夜，滄（長）照客心愁」，寫鄉愁之無可排遣：都相當真切樸素。在離鄉背井的奮鬥中，別有情懷，依然保持著一份平和心境和希冀企盼。[166] 敦煌俗曲也描述到平民客居異鄉，與土著人士情同金蘭的情形，如〈浪淘沙〉：

> 結草城樓不忘恩，些些言語莫生嗔。
>
> 比死共君緣，外客悉安存。
>
> 百鳥相憶投林肅〔宿〕，道逢枯草再迎春。
>
> 路上逢君先下拜，如若傷蛇口含真〔嗔〕。

其實司馬遷〈貨殖列傳〉早已明言「牟利衝動」的不可抗拒性質。既然人自為利，商業夥伴也不可盡信。鄰里可以「無情」，夥伴也可以「賣假」。於是「輕死重義」之「義」，包括「恩義」、「情義」、「信義」等親親宗法制度以外的平等相交的相互規範，開始成為人際交往的一種新準則。《水滸傳》描述「梁山泊好漢大聚義」就是生動事例。

江湖社會

《三國志‧關羽傳》介紹他出身時，僅有「亡命走涿郡」五字，耐人尋味。

按「亡命」一詞源出《史記》。〈吳王濞傳〉說：「濞則招致天下亡命者。」《漢書‧張耳傳》又言，張耳「嘗亡命游外黃」。顏師古訓言：

> 命者，名也。凡言亡命，謂脫其名籍而逃亡。

166　這是在發掘窯址出土的壺器上書寫的，未輯入《全唐詩》。參見《唐代銅官窯瓷詩集萃》（http://www.rednet.com.cn/hunan/fengwu/shici023.htm）。

　　這是針對漢代鄉社制度，凡入戶籍者都必須在鄉在土而言。脫離鄉里者都沒有了戶籍，社會身分因此喪失。又《後漢書·光武帝紀》載：「耐罪亡命，吏以文除之。」李賢注：「亡命，謂犯耐罪而背名逃者。」又進一步以「亡命」為因犯罪避禍，而「脫名籍而逃」的人。所以關羽年輕時在鄉社戶籍的家世，以及流亡涿郡與劉備、張飛「結義」的壯舉，也開闢了一個從想像到自我認同的廣闊社會空間。更為重要的是在傳統「五倫」的道德規範中，特別舉出「義」來，作為脫離家族宗法和鄉里社會以後社會平等交往的準則。故此處所述「江湖空間」特指社會空間，尤其是由於唐宋社會轉型後形成的公共空間。

　　而「江湖」一語自武俠小說標立「現代」以來，已濫用斯極。隨意在 Google 中文搜尋引擎上搜索「江湖」詞條，會發現百分之九十以上都是武俠小說及其電子媒體衍生物的內容。目前論及「江湖」社會的專著論文雖然很多，但大都帶有感情色彩，不是推崇快意恩仇，就是貶斥詭異莫測，所據也大都是清末民初的說法。我認為必須為「江湖社會」尋找一個原點，一個價值中立的定義。

　　還原到宋代，「江湖」一語至少也有三種主要用法。必也正名，故須對「江湖」一語略為辨析，才能設論於後。

　　如前所述，中唐以後中央政府端賴水網運輸，「仰食東南」的現象愈來愈明顯。偶讀日人桑原隲藏的《歷史上所見南北中國》，注釋之詳盡冗長超過正文，可謂一大特色。但其中引用的史料，卻提供了一部概括的中國漕運史。[167] 大致而言，中國歷代京師一向依靠漕運供給。起初端賴秦漢時代的關中水利建設，供給長安用度，而中唐以後關中水利淤塞，中央財賦愈來愈須仰仗東南。故水路運輸的通暢狀況，直接決定著

167　載《日本學者中國史論著選譯》第一卷，中華書局 1992 年版。

都城的設置和續後命運，也是後世所謂「江湖社會」興起之由。而流動社會中如何形成、維繫平等交往的人際關係，則又是「隱祕社會」崇尚關公之重要原因。後話另說。

宋人雖然重視回歸家族，敦親睦鄰，但是社會演進、技術進步和經濟結構變化，勢必帶來社會空間之擴大，也造成個人出入家族內外的靈活餘地。人流物轉，既然自中唐已經大興，宋代更是勢如離弦之箭，欲罷不能，而且有若干新的措施在制度上助長了流動趨勢。「江湖」社會的空間，亦應運而生。常言道「在家靠父母，出門靠朋友」，「宗族」社會和公共空間呈現出雙向信條的形式，就正反映著這樣的社會現實，至今亦然。只有在「平民宗法」和「結拜兄弟」之間出現一個相當寬鬆的公共空間，這樣的互相補充、交互依託，才有可能成為現實。

鄧子琴嘗言：

嘗考宗法時代與門閥時代皆為有形之社會組織，蓋此兩時代均有血族及經濟關係，以為聯繫之資。至於士氣時代，在經濟為各個獨立，互相等夷；在血族為人盡其道，不相限制。朝廷全以科舉取士，苟士之有聰明才能者，咸能自奮一有所表焉。故此時代欲研社會風俗之中心，唯以士人之氣節風格為重。[168]

「在經濟為各個獨立，互相等夷」的現象，即是以經濟利益為中心的平等關係結合體，尤其表現在宋代的城市形態上。蓋緣城市作為資訊、商品、文化的集散地，是社會發展的天然指針，既集技術進步、經濟發展和文化傳播之大成，又對周邊乃至全國有著引以楷模與回饋的功能。在以農耕文化和宗法氏族為主的中國，這種作用尤為突出。試略述之。

168　《中國風俗史》，成都：巴蜀書社，1987 年版，第 175 頁。

首先使用「江湖」一語的是莊子，他的著名比喻是：

泉涸，魚相與處於陸，相呴以濕，相濡以沫，不如相忘於江湖。與其譽堯而非桀也，不如兩忘而化其道。[169]

即用本義，但又把當時江河湖海遼闊的自然地貌賦予廣闊、流動的內涵。在《外篇》的〈天運〉、〈至樂〉、〈山木〉等文中也有類似描述。尤其是當時江南的河湖縱橫，汪洋恣肆，尤成專語，如《淮南子·主術訓》所講「湯、武，聖主也，而不能與越人乘幹舟而浮於江湖」，及《史記·三王世家》述漢武帝封廣陵王劉胥的策文中說的「古人有言曰：『在江之南，五湖之間，其人輕心』」之類。

由此引申的意義，則是與「魏闕」、「廟堂」對舉，含有「隱居」「退處」的意思，這也首見於《莊子》。《外篇·讓王》中說：

中山公子牟謂瞻子曰：「身在江海之上，心居乎魏闕之下，奈何？」瞻子曰：「重生。重生則利輕。」中山公子牟曰：「雖知之，未能自勝也。」瞻子曰：「不能自勝則從，神無惡乎！不能自勝而強不從者，此之謂重傷。重傷之人，無壽類矣！」魏牟，萬乘之公子也，其隱岩穴也，難為於布衣之士，雖未至乎道，可謂有其意矣！

可知「隱岩穴」即是「身在江海之上，為於布衣之士」。後人反覆吟詠這個對舉，或者兩者對立，如《舊唐書》本傳述李白「嘗沉醉殿上，引足令高力士脫靴，由是斥去。乃浪跡江湖，終日沉飲」；白居易「望風為當路者所擠，流徙江湖。四五年間，幾淪蠻瘴」；崔玄亮「性雅淡，好道術，不樂趨競，久遊江湖」。故《新唐書·文學傳》言：

---

169 《莊子·內篇·大宗師第六》。

天寶後，詩人多為憂苦流寓之思，及寄興於江湖僧寺，而樂曲亦多以邊地為名。

宋代猶然，以至黃庭堅〈寄黃幾復〉詩「我居北海君南海，寄雁傳書謝不能。桃李春風一杯酒，江湖夜雨十年燈」之類；或者兩者兼容，最為人傳誦的即是范仲淹〈岳陽樓記〉之名句「居廟堂之高則憂其民，處江湖之遠則憂其君」。

「江湖」之第三義則出於《史記・貨殖列傳》敘范蠡事：

范蠡既雪會稽之恥，乃喟然而嘆曰：「計然之策七，越用其五而得意。既已施於國，吾欲用之家。」乃乘扁舟浮於江湖，變名易姓，適齊為鴟夷子皮，之陶為朱公。朱公以為：陶，天下之中，諸侯四通，貨物所交易也。乃治產積居，與時逐而不責於人。故善治生者，能擇人而任時。十九年之中三致千金，再分散與貧交疏昆弟。此所謂富好行其德者也。後年衰老而聽子孫，子孫修業而息之，遂至巨萬。故言富者皆稱陶朱公。

而《史記・三王世家》傳漢武帝封齊王劉閎、廣陵王劉胥的策文，曾言「齊地多變詐，不習於禮義」：

夫廣陵在吳越之地，其民精而輕，故誡之曰「江湖之間，其人輕心。揚州葆疆，三代之時，迫要使從中國俗服，不大及以政教，以意御之而已。無俏好佚，無邇宵人，維法是則。無長好佚樂馳騁弋獵淫康，而近小人。常念法度，則無羞辱矣。」三江、五湖有魚鹽之利，銅山之富，天下所仰。故誡之曰「臣不作福」者，勿使行財幣，厚賞賜，以立聲譽，為四方所歸也。又曰「臣不作威」者，勿使因輕以倍義也。

則知范蠡變名易姓之所在，本不習於禮義，而擅魚鹽礦冶之利，以其舟楫交通之便，故能「治產積居，與時逐而不責於人。」

宋人周淙《乾道臨安志》卷二言：

吳地，古揚州之境也。其俗躁勁揚輕，故曰揚州。或曰：州界多水，水波揚也。《周官‧職方氏》曰：揚州之民，二男而五女，其畜宜鳥獸，其穀宜稻。《吳越春秋》云：人性脆而愚，水行山處，以船為車，以檝為馬，悅兵而敢死。《漢志》曰：吳粵之君皆尚勇，故其民好用劍，輕死易發，紋身斷髮，以避蛟龍之害。數與楚接戰，互相兼併。故吳越風俗略與楚同。《隋志》曰：江南之俗，火耕水耨，魚稻富饒，不憂饑餒，信鬼神，喜淫祀。又曰：吳郡餘杭，川澤沃衍，有海陸之饒，珍異所聚，商賈並湊。其人君子尚禮，庸庶敦龐，故風俗澄清，而道教隆洽，亦其風氣所尚也。《國史‧地理志‧總敘》：兩浙路以為性敏柔而慧，尚浮屠氏之教，厚於滋味，急於進取，善於圖利。[170]

此處所指「江湖」，兼及地貌特徵與治賈善生，鬼神淫祀。雖引前人之說，亦為時人自道。可知漕運及水上貿易大興於宋代，尤其是南宋，亦有民俗方面的重要淵源。

「江湖」一詞究指何所，眾口紛紜，莫衷一是。我在〈顯性和隱性：金庸筆下的兩重社會〉中曾提出：

中國自周以來「以農立國」，「以農為本」，長期還以「井田制」為社會理想範本，並以此為中心設計出一整套政治和管理制度來。「離土離鄉」意味著逸出傳統的範本制度之外，其流動隱祕、生計無常的特性，又使這些游民往往具有破壞力。也是古代法制最難管理的一類階層。從農本社會的觀念出發，這些離土離鄉，遊蹤不定，或者以交通流通為業的江湖角色，都是行事乖張，所為可疑，坑蒙拐騙之輩。常言道：

---

170 《叢書集成初編》本，第 20 頁。按四庫本《乾道臨安志》十五卷最早為宋人陳振孫《直齋書錄解題》所載錄，且明言撰者為「府帥周淙彥廣」。今存三卷，為最早之南宋方志。

「車船店腳牙，無罪也該殺」，其此之謂也。這類角色恰合莊子「不如相忘於江湖」中「江湖」二字的本意，構成傳統中國社會豐富的人物譜系。[171]

從概念貫通的意義上說，本文所論「江湖」亦包容以上三義。因為第一是兩宋主要取賦東南，故兩京端賴舟楫交通，屬於「浮在水面上」的繁華都市；第二是朝臣賦閒，或者文士轉徙調動，每嘆不得其志用，都是以「江湖」自況，正昭示著他們此刻的平民立場；第三是航運交通貿易及其延伸到都市中的商業、服務業、娛樂業，構成了兩宋「民間社會」，即反映北宋末年江湖社會的小說《水滸傳》的新基礎，[172] 這正是本文論述的重點。唯這些內容非數部專著不能容納，所以須用化繁為簡的方式，梳理出一個能夠令人信服的角度。本文擬舉出唐宋之際的漕運 —— 城市水系 —— 商業布局變遷為線索，以此貫通「江湖」一語的本義、引申義、轉借義和隱喻義，進而論及宋代社會的公共空間及其信仰。

有同事曾以「江湖 —— 游民生活的空間」為題先有論列，理或然，實不盡然。[173] 本文僅及「江湖」之中立意義，不予辯論，姑執一端可也。

171　載《1998 臺北金庸小說國際學術研討會論文集》，臺灣：遠流出版公司 1999 年版。

172　毛萇《詩傳》言：「水涯曰滸。」事實上，正是因為處於黃金航道上，才會有梁山好漢聚義之說的。筆者曾有小文〈梁山泊何以為盜藪〉（香港《嶺南學報》新第 2 期，2000 年出版）論及於此，有興趣的讀者可以參看。

173　有論者言：「游民是在主流社會失去容身之地的人。他們所托命的空間稱作江湖。不過這個『江湖』與文人學士『處江湖則憂其君』的『江湖』是完全不同的，那裡風波險惡，一飽難求。他們朝不保夕，因此輕生忘死，所追求的只是『大秤分金銀，大碗吃酒肉』，有朝一日能『發跡變泰』。『若要官，殺人放火受招安』是他們的美好願望；『皇帝輪流做，明年到我家』是他們的最高理想。他們沒有原則，『有奶便是娘』就是原則。他們與法制完全是對立的，更不用說法治了。他們一方面顯得很英雄豪邁，一方面也魚肉良善，全不覺得有何矛盾而於心有愧。他們醉心的是無法無天的自由，是『哥不大，弟不小』的平等，然而一旦組織起來，忠義堂上交椅卻不容有絲毫差池。其紀律不但嚴格而且殘酷，所謂『欺師滅祖，三刀六洞』。入盟都要發重誓：『五雷轟頂』、『萬刀砍殺』。他們的最高規則，也是最高的道德標準是『義氣』，有時也叫『忠義』或『仁義』。既然是『在家靠父母，出外靠朋

南宋吳曾《能改齋漫錄》卷十三談及「唐宋運漕米總數」時說：

唐居長安，所運米數天寶二百五十萬石，大中時一百四十七萬七千八百八十六石。唐自大中以後諸侯跋扈，四方之米漸不至，故耳。唯本朝東南歲漕米六百萬石，以此知本朝取米於東南者為多。然以今日計，諸路共計六百萬石，而江西居三之一，則江西所出為尤多。[174]

證實中唐以後中央政府「仰食東南」的現象愈來愈具依賴性質，甚至影響到政權存亡，首都遷徙。而東南漕糧端賴水網運輸，所以稱其為「漕」。歐陽脩《新唐書》感慨於此，故特別誇讚張巡、許遠在「安史之亂」中堅守睢陽（今河南商丘市睢陽區）力戰之功：

張巡、許遠可謂烈丈夫矣！以疲卒數萬，嬰孤墉，抗方張不制之虜，鯁其喉牙，使不得搏食東南，牽掣首尾，阽潰梁、宋間。大小數百戰，雖力盡而死，而唐全得江、淮財用，以濟中興。以利償害，以百易萬，可矣！[175]

張巡等力戰保全的江淮，其實也就是趙宋王朝起家的本錢。據《太平御覽·水經》，汴河之開鑿緣於「大禹塞滎陽澤，開渠以通淮泗，名浪宕渠，即汴渠」的傳說。後隋煬帝下江都，「更令開導，名通濟渠，引河水入汴口，自大梁之東引入泗，達於淮，至江都宮入於海，亦謂之御河。」這樣就形成了全國漕運的網路，「自揚、益、湘南至交、廣、閩中，公私漕運商旅軸艫連接。」自從關中「八水繞長安」的景觀不復

友』，那麼朋友靠得住靠不住，全要看夠不夠義氣了。代表義氣的尊神就是『義氣千秋』的關羽。這個本是游民出身的普通武將因為被歷代游民知識分子把自己的理想不斷往他身上堆而地位越來越高……這在正統士大夫看來完全是荒唐無稽而不可理解的事情。」（李慎之〈發現另一個中國〉，王學泰《游民文化與中國社會》序。學苑出版社1999年版）竊以為所言非是。以學者身分而盡為率意不周之言，或者另有隱喻寄託在，卻無關學術。

174 《筆記小說大觀》本第八冊，第269頁下。
175 《新唐書·忠義·張巡許遠傳》評贊。

再現，黃河漕運一度成為遷都洛陽的主要原因。隨著五代黃河改道，朱梁被迫再次東遷至汴梁，就食淮南。宋代的前三個君主都有過在長安重建京師的宏願，宋真宗還借祀汾陰、封西嶽的名義親往考察，但終因漕運問題不能解決，永遠放棄了追慕漢唐的雄心。元明清以北京為都城，也是在南北大運河的基礎上才能實現。宮崎市定《東洋的近世》可謂一語中的：

> 宋以後的運河中心時代，中國社會沿運河線移動，不是孤立的現象，而是由各種其他社會情勢在彼此相關、互為因果的情況下，所形成的近世社會的特性。大運河的機能是交通運輸，所謂運河時代就是商業時代。[176]

話說周世宗柴榮顯德二年（西元九五五年）和顯德四年（西元九五七年），先後頒布過兩個著名的詔令，第一是修築汴梁外城，預先規劃出大批空閒之地，「其標幟內，候宮中擘畫，定軍營、街巷、倉場、諸司公廨院務，即任百姓營造。」[177] 以網羅天下客商，建成商業都會；第二是疏濬汴河，顯德四年四月「詔疏汴水北入五丈河，由是齊、魯舟楫皆達於大梁」。五年三月「浚汴口，導河流達於淮，於是江、淮舟楫始通。」[178]「汴口既浚，舟楫無壅，將有淮浙巨商、貿糧斛賈，萬貨臨汴，無委泊之地。（周景）諷世宗乞令許京城民環汴栽榆柳，起臺榭，以為都會之壯。世宗許之。」[179] 今語謂之「預留城市發展空間」，實際上主要作了沿河街市。

176　《日本學者中國史論著選譯》第一卷，第 170～171 頁。
177　《五代會要》卷二六〈城郭〉。《冊府元龜》卷一四《帝王部・都邑》亦有記載，文字稍有不同。
178　《資治通鑑》卷二九三、二九四。
179　釋文瑩《玉壺清話》卷三。

　　以今日眼光觀之，周世宗的諭令不啻都市「重商主義」宣言。倘非如此，宋代經濟就不可能出現黃仁宇所謂「前現代化」問題。論者咸以為這從根本上改變了中國都市的發展格局。梁思成曾對此特別推重，認為「顯德二年增修汴河兩詔，富於市政設計觀念，極堪注目」。而柴榮「實為帝王建都之具有遠大目光者，其所注意之點……皆近代都市設計之主要問題，其街道有定闊兩邊五步內種樹掘井、修蓋涼棚，皆為近代之方法。」[180]

　　為了加速東南漕運的周轉，減少沿途稅務干擾，宋真宗時曾有官員奏請〈乞嚴禁商稅務不得駐止滯綱運奏〉，言：

　　荊湖、江浙路逐年起發糧斛錢寶，並茶貨、鹽貨不少，全藉綱運往回疾速。方獲辦及，卻被沿路經過辦稅務，不便點檢發遣，多是駐滯。深見防滯行運。欲乞嚴戒沿江河州軍商稅務，自今綱運經過，如敢駐滯，並乞勘罪斷遣，仍據駐滯日分虛食，請受賠攤。監官亦勘罪行遣。[181]

　　可見宋廷為了商業運轉流通，也曾不遺餘力，減少官方環節的阻滯。但是茶、鹽為朝廷利之所在，不能輕忽。於是天禧五年（西元一〇二一年）宋真宗又有〈定茶商所行道路送納商稅詔〉俾得減少阻滯，方便運輸，可見宋廷重商政策之一斑：

　　自今客人於蘄口、太湖、石橋、洗馬等四處場務算買諸色號茶貨如到泗州，願取淮河，前去入正陽、潁州、陳州舊路上京者，聽從便令，依例送納舊路商稅。如願借汴河路上京者，令只納舊路稅錢從汴上京，

180　梁思成《中國建築史》，轉引自楊寬《中國古代都城制度史研究》第 275 頁注釋⑤。
181　趙賀〈乞嚴禁商稅務不得駐止滯綱運奏〉（天禧元年十月十三日），《全宋文》第八冊，第508 頁。按趙賀天禧五年任官司勛員外郎，天聖元年任淮南、江浙、荊湖制置發運使，五年為太常少卿。

更不令伊宿、亳州、南京三處稅則例送捐，隨船行貨色、力勝、頭子、
包角等錢，即逐處依例受納。[182]

　　宋代以東京為代表的大都市所以異常繁榮，論者多強調其坊里制度
的演變。其實更重要的前因，在於宋廷繼續執行後周的中央集權制度和
「強幹弱枝」方略。趙匡胤不僅「杯酒釋兵權」，大力削弱地方武力，
而且實施了一系列制度，有效地抑制了地方勢力膨脹的任何可能性。
《宋史》說：

　　　太祖起兵間，有天下，懲唐季五代藩鎮之禍，蓄兵京師，以成強幹
　　弱枝之勢，故於兵食為重。[183]

　　宋朝分置「禁軍」、「廂兵」、「鄉兵」、和「藩兵」，「凡其才力
技藝有過者，皆收補禁兵，聚之京師，以備宿衛」，為天子自將之軍，
而且主要職責是衛戍京師，[184] 當然也由中央分配財政所得。《水滸傳》
曾言林沖為「八十萬禁軍教頭」，初讀者每惑於京師「禁軍」數量何其
多也，其實並非虛言。宋太宗視察汴河決口處時，曾說「東京兵甲數十
萬，居人百萬家，天下轉漕，仰給在此一渠水，朕安得不顧。」至道元
年（西元九九五年）參知政事張洎奏議汴河重要時，亦稱開封之繁盛：
「今天下甲卒數十萬眾，戰馬數十萬匹，並萃京師，悉集七亡國之士民
於輦下，比漢唐京邑，民庶十倍。」[185] 可見《水滸傳》所述蓋亦有自，
並非虛言。

182　《全宋文》第七冊，第 102 頁。
183　《宋史·食貨志·漕運》。
184　《宋史·兵志一》：「禁兵者……皆以守京師，備征伐。」陳師道〈上曾樞密書〉：「開封
　　　無丘山川澤之阻，為四戰之地，故太祖以兵為衛，畿內常用十四萬人。」（《宋文鑑》卷
　　　一百一十九）以此觀之，以開封為首都的選擇，忽略了「四戰之地」的策略劣勢，正是宋代
　　　重商主義建國方略的產物。
185　《宋史·河渠志三》。

　　集結重兵的同時，宋廷又建立起一個空前龐大的中央集權制官僚政府，並頒詔：「令自今諸州歲收稅租及管榷貨利、上供物帛，悉官給舟車，輸送京師。」也就是說為了加強中央財政控制，天下的供賦物資都要不憚煩難，先運至京師汴梁，然後再「回綱轉輸外州」。因此趙匡胤繼續後周工程，建成了以開封為中心、以汴河為樞紐，進而連接西北與東南江河之水運綱，河北、陝西、河東三路局部地區之可通水運者，亦有相應設施，並注意水陸聯運之利，以向開封漕運糧食。顧炎武《日知錄》總結言：

　　唐自行兩稅法以後，天下百姓輸賦於州府，一曰「上供」，二曰「送使」，三曰「留州」。及宋太祖乾德三年，詔「諸州支度經費外，凡金帛悉送闕下，無得占留。」自此一錢以上，皆歸之朝廷，而簿領纖悉，特甚於唐時矣。然宋之所以愈弱而不可振者，實在此。[186]

　　汴京漕運盛時，諸州歲造運船三千多艘，歲運糧食最多時達六百萬石。四方特產珍異，紛至沓來。京師經濟之繁盛，文化之發達，與水上交通之便利關係至為密切，這無疑構成了北宋都市繁榮的堅實基礎。又邵伯溫嘗言：

　　王荊公知制誥，吳夫人為買一妾。荊公見之，曰：「何物也？」女子曰：「夫人令執事左右。」安石曰：「汝誰氏？」女子曰：「妾之夫為軍大將，部米運失舟，家資盡沒，猶不足，又賣妾以償。」安石曰：「夫人用錢幾何得汝？」曰：「九十萬。」公呼其夫，令為夫婦如初，盡以錢賜之。[187]

186　《日知錄集釋》，河北人民出版社校點本，第 541 頁。

187　《邵氏見聞錄》卷十一，中華書局 1983 年點校本，第 121 頁。按邵伯溫（1056 ～ 1134）字子文，理學先導邵雍之子，洛陽人。身歷熙寧變法、元祐黨爭及靖康之變。他是反對熙寧新法

　　可知負責漕運的官兵亦需自擔風險，這種風險反過來又成為漕運軍民熱衷走私貨物的經濟動力。

　　如此龐大的漕運體系，造成了人流物轉的空前繁盛，足以造成一個廣闊的「江湖」空間。後世隱性社會由「漕幫」而起，絕非偶然。後話另說。

　　還有一節不得不提的，就是佛教「禪叢制度」的流行。即使不算悉達多王子的個人緣由，宗教也是促使個人脫離家庭的重要因素。「出家」一語的本意也即如此。宗教本質上就與宗法制度形同水火，因此建立的社會空間相當龐大。而宗教的組織系統也是最初的，帶有隱性社會性質的民間團體。故混跡「江湖」的例有宗教，所謂「三教九流」是也。元和九年（西元八一四年），百丈禪師懷海制定了「叢林清規」，禪宗叢林制度建立。宋代則叢林建置日臻完備。這使禪僧的生活方式發生了大變動：一是由散居獨處變成群聚；二是寺院自給自足，共同執役，訂立僧眾共同生活的規約；三是不設佛殿，不供佛像，唯構法堂；四是眾生平等的修行方式；五是生活方式世俗化；六是經濟絕對公開，財產不屬於私人。[188] 但我以為更為重要的是佛教「眾生平等」和「世法平等」觀念也隨之得到極大普及，不但對中唐以前「門閥制度」破壞造成了推動作用，而且隨著與中國本土儒教、道教的理義圓融，擴大到其他層面。北宋理學先導張載有「民吾同胞，物吾與也」，申說平等博愛，胸懷廓大。這一概括精闢的警句，不啻響徹千年的理性吶喊。中國社會所以能夠很早擺脫「中世紀陰影」，實現了以科舉制度為代表的「平民參政」，建立了平民宗法的社會機制，佛教「平等觀念」的影響

的，但此則記載卻顯示了王安石的私德。

188　此節參考臺灣佛教研究所所長、東吳大學哲學系教授釋聖嚴〈中國佛教的特色——禪與禪宗〉說法，載臺灣華岡佛學學報第 4 期，第 13 ～ 14 頁。

實在功不可沒。可惜學界於此著力甚少。

　　人口出現大量流動，也必然會影響到人際關係的倫理。在以農為本的安居環境和矜尚閥閱的宗法社會裡，血緣親屬間講究的長幼有序，正可以用儒家傳統的「尊尊」、「親親」規範之。但是因各種因素逸出家族和宗法社會以外的人群，卻面臨著應當用什麼樣的禮法來規範彼此行為的問題，因而類似「桃園結義」這類民間性質的結拜倫理的出現，已是萬事俱備，順理成章了。

「義」之為道

　　一九八九年三月我在澳洲，曾有機會應華裔學者 Phd. Mable Lee 的邀請，在雪梨大學的某個中國問題系列論壇上演講，題目是「中國古典小說與中國人的思維方式」，重點就是從關羽何以為「義神」，談到「義」在中國倫理中具有多種綜合功能，如「仁義」、「忠義」、「信義」、「情義」、「孝義」、「節義」、「恩義」等等。而以上各種功能的取得，應當與使用頻率與社會範圍成正比。古今學者討論「義」或者「正義」的論說亦多矣，但多由典籍引論，概念推演，鮮見從社會文化角度立論者。這裡僅就宋代江湖社會的形成，與「義」使用概念和空間的延展之間的關係，試為申說，並求教正。

　　後世關羽是作為「義神」得到朝野社會各個階層普遍尊崇的。只不過「義」在漢語中歧義最多，解釋也代有不同。

　　陳寅恪曾批判過歐陽脩在《新五代史》裡別立〈義兒傳〉的做法：

　　然所論者僅限於天性、人倫、情義、禮法之範圍，而未知五代義兒之制，如後唐義兒軍之類，實出於胡人部落之俗，蓋與唐代之蕃將同一

淵源。[189]

　　也許由於身臨「階級鬥爭」年代，目睹親情澆薄，倫理無序，後來陳寅恪顯然有所改變，他在一九六四年的〈贈蔣秉南序〉中極力肯定歐陽脩的貢獻，以為：

　　歐陽永叔少學韓昌黎之文，晚撰《五代史記》，作「義兒」、「馮道」諸傳，貶斥勢利，尊崇氣節，遂一匡五代之澆漓，返之淳正。[190]

　　這個轉變自然有其意味深長之處。也是我們今天再次討論這個問題的出發點。鑑於小說是唐代新興的民間文體，且從唐代三篇傳奇談起。

　　首先引起我注意的是許堯佐[191]的〈柳氏傳〉，敘詩人韓翃與歌姬柳氏因天寶之亂睽隔一方，柳氏為蕃將沙吒利所劫獲。韓翃返京，咫尺天涯，難以相見，偶與虞侯許俊談及，許素以才力自負，「乃衣縵胡，佩雙鞬，從一騎，徑造沙吒利之第。候其出行里餘，乃被衽執轡，犯關排闥」，謊稱沙吒利急病，亟招柳氏。「僕侍辟易，無敢仰視。遂升堂，出翃札示柳氏，挾之跨鞍馬，逸塵斷鞅，倏忽乃至，引裾而前曰：『幸不辱命。』四座驚嘆。」[192] 最後由侯希逸上書皇帝，具呈始末，而以別賜沙吒利銀錢，保留了大團圓結局。敘事背景為唐王朝借助回紇吐蕃平

189　陳寅恪〈論唐代之蕃將與府兵〉，首發於 1957 年《中山大學學報》，見《金明館叢稿初編》第 276 頁。

190　載陳寅恪《寒柳堂集》。

191　魯迅《中國小說史略‧唐之傳奇文（下）》注釋說：「許堯佐，唐憲宗時人，曾官太子校書郎、諫議大夫。」按《舊唐書‧南蠻、西南蠻》：「十一年五月，以龍蒙盛卒，廢朝三日。遣使來請冊立其君長。以少府少監李銑充冊立弔祭使，左贊善大夫許堯佐副之。」疑即其人。

192　《太平廣記》卷四八五。又此事亦見孟棨《本事詩‧情感第一》，男主角名為韓翃。按大曆詩人本有韓翃，向以「春城無處不飛花」聞名於世。今人傅璇琮有〈關於〈柳氏傳〉與〈本事詩〉所載韓翃事蹟考證〉（其著見《唐代詩人叢考》，中華書局 1980 年版）辨析甚明。又言許堯佐於貞元中入仕，與孟棨約為同時，而孟棨自述此事開成（836～840）中聞之於年逾九十之嶺南刺史趙唯，可見其事傳聞已久。侯希逸就是代宗朝的節度使，看來這也是同一時期的故事。

息安史之亂，收復長安後蕃將恣行不法，造成朝廷律令名存實亡。要討回公道，該出手時就出手，也只能各自見機行事。這也是代宗時期的政治現實。所以許俊之作為，被作者推許為「義切中抱」。〈本事詩〉同題所述故事中，許俊也曾言「寮嘗以義烈自許」。

　　而沈亞之 [193]〈馮燕傳〉則提供了另一類型的描寫市井生活的文本。馮燕本市井豪強不肖，素以擊球鬥雞聞名於里。後因殺人出亡，匿於滑州，與漁陽牙將張嬰之婦有姦。一日張嬰忽自外還，馮慌忙潛藏，卻將巾幘落於床上。不意張嬰醉酒不醒。為怕撞破姦情，馮燕情急之下，目示巾幘，欲攜之逃走。不料婦人授之以刀，他「熟視」久之，卻揮刀直斬婦人，攜巾逃逸。天明案發，張嬰以殺妻誣服。臨刑將死，而馮燕卻於圍觀中排撻而出，坦承：「吾竊其妻而又殺之，當係我。」獲得官府、輿論的極大同情，遂蒙恩詔赦罪，連滑州的死刑犯人也一概免死。文後有作者「贊曰」：

　　余尚太史言，而又好敘誼事。其賓黨耳目之所聞見，而為余道。元和中，外郎劉元鼎語余以馮燕事，得傳焉。嗚呼！淫惑之心，有甚水火，可不畏哉！然而燕殺不誼，白不辜，真古豪矣！（重點號為筆者所加，下同）

　　明言此事為「紀實文學」，而且是被當作「誼事」的「平民史傳」寫作的。竊以為此文之「誼」與歐史所述「忠誼」，正與後述侯彝故事中「好俠尚義」之「義」互訓，「不誼」即為「不義」。

　　這種風習還可溯源。《資治通鑑‧齊武帝永明二年》：

　　舊律：枉法十匹，「義贓」二十匹，罪死。

193　萬曼《唐集敘錄》引宋元祐丙寅（1086）序本無名氏序，介紹沈氏為「元和十年登進士第，歷群藩府，嘗遊韓愈門。李賀許其工為情語，有窈窕之思。其後杜牧、李商隱俱有擬沈下賢詩，則當時聲響甚盛。」可知其時代交遊。李宗為《唐人傳奇》據沈集《魏滑分河記》載記，沈曾於元和九年至十四年（814～819）訪滑州，則此事當聞於此時。

注言：

義贓：謂人私情相饋遺，雖非乞取，亦計所受論贓。

而「私情饋遺」通常正是「誼事」的物質化。民間社會如此用「義」，倒也名副其實。

又李亢《獨異志》卷上：

唐大曆中，萬年尉侯彝者，好俠尚義，常匿國賊。御史推鞫，理窮，終不言賊所往。御史曰：「賊在汝右膝蓋下。」彝遂揭階磚，自擊其膝蓋，翻示御史曰：「賊安在？」即以鏊貯烈火，置其腹上，煙火蓬勃，左右皆不忍視。彝叫曰：「何不加炭？」御史奇之，奏聞代宗。即召對：「何為隱賊自貽，其苦若是？」彝答曰：「賊，實臣藏之，已然諾其人，終死不可得。」遂以賊故，貶為瑞州高安尉。[194]

負責治安的現職官吏，竟然勇於「常匿國賊」，即使以今日眼光看來，這個指控也是很嚴重的。但是侯彝卻因「然諾其人」，居然任憑拷掠，且又自加刑責，坦然承認，卻又堅不吐實。更奇怪的是上奏皇帝以後，最終受到的懲罰不過是貶謫嶺南，依然為官。如果不是出自記載，後世之人萬難相信。作者謂其「好俠尚義」云者，似乎與他抗拒國家朝廷兩不相涉，或本來就是他「好俠尚義」的具體例證。作者的這種立場頗可玩味，他究竟是贊同侯彝的「尚義」，還是讚美皇帝的寬容呢？

這些唐代故事，實已開啟五代兩宋市民社會中「異姓結義」和《水

194　李亢生平不詳。〈獨異志〉著錄於《新唐書・藝文志》，所敘故事最遲為「唐長慶、太和中」，即穆宗、文宗時代。則其人著書年代當在其後，或為武宗時代。又按顧炎武《日知錄》曾議及「職官受杖」，以為『『撞郎』之事，始於漢明（帝），後代因之，有杖屬官之法。」並舉杜甫〈送高三十五書記〉詩「脫身簿尉中，始與捶楚辭」為證。（詳參河北花山文藝出版社校點本《日知錄集釋》下冊，第 1249 頁）可知唐代縣尉、主簿一類下層官吏等易為上司所辱，實開明代皇帝以「廷杖」作為懲罰儒士大夫私刑之先河。

滸傳》人物故事之端倪。中唐傳奇的這些描述，上承司馬遷〈遊俠列傳〉之「其行雖不軌於正義，然其言必信，其行必果，已若必誠，不愛其軀，赴士之厄困」；「取予然諾，千里誦義，為死不顧世」的精神，下開後世俠義小說之先河。我曾有文論及「俠」代表著中國的自由主義傳統，可以參看。[195]

異姓結義

另一方面，「義」又是最富於連結性的漢字，具有各種功能，幾乎可與儒家倫理中的任何概念相合。而這些功能，應當與使用頻率與社會範圍成正比，不過大多屬於唐宋之後賦予的新解。這裡不妨以《三國志演義》開篇「宴桃園豪傑三結義」開談，漸及其他。

「異姓結拜」又稱「結義」，是仿照「宗法親親」之「兄弟友於」觀念，用盟誓明神的方式約為兄弟。此處的「義」，即洪邁所謂「自外入而非正者」，意謂非血緣之社會聯盟，尚無道德規範的內容。這是因為傳統中國社會基本上以宗法為主，這部分源於周部族的農耕文化及其「井田制」的制度，部分基於西周「敬天法祖、慎終追遠」的文化制度，以及西漢儒家「親親」理念的規範。錢鍾書釋《詩經·谷風》「宴爾新婚，如兄如弟」時，先自設疑雲：

科以後世之常情，夫婦親於兄弟，言夫婦相昵而喻之於兄弟，似欲密而反疏矣。

195　見拙著〈顯性與隱性：金庸筆下的兩重社會〉。http://jinyong.ylib.com.tw/research/thesis/8-21.htm。

　　復舉多種經典之漢人注疏，說明「初民重『血族』（kin）之遺義也。就血胤論之，兄弟，天倫也，夫婦則人倫耳；是以友於骨肉之親當過於刑於室家之好。」又以《左傳·桓公十五年》雍姬問「父與夫孰親」，其母答云：「人盡夫也，父一而已，胡可比也！」[196] 可知無分男女，觀念亦稱平等，皆以「血族」宗親為上。此為先秦宗法社會之特徵，而與宋代「平民宗法」顯有不同。

　　漢代「以孝治天下」，故董仲舒《春秋繁露·立元神第十九》尤其強調「兄弟手足」的「血緣之親」：

何謂本？曰：天地人，萬物之本也。天生之，地養之，人成之。天生之以孝悌，地養之以衣食，人成之以禮樂，三者相為手足，合以成體，不可一無也；無孝悌，則亡其所以生；無衣食，則亡其所以養；無禮樂，則亡其所以成也。

　　史書上最早記載「約為兄弟」，西元前九二九年發生在中原之外的「西戎」和「南蠻」之間。《資治通鑑·周紀三·慎靚王十六年》：

秦人伐楚，取八城。秦王遺楚王書曰：「始寡人與王約為兄弟，盟於黃棘，太子入質，至歡也。」[197]

　　漢室建立不久，就屈尊紆貴，與匈奴俯首言和，「約為兄弟」。《史記·匈奴列傳》：

196　《管錐編》第一冊，中華書局版第 83～84 頁，又第 174 頁。
197　戰國時張儀也曾主張合縱諸侯「結為兄弟」。《戰國策》卷二十二〈魏一〉：「且夫諸侯之為從者，以安社稷、尊主、強兵、顯名也。合從者，一天下、約為兄弟、刑白馬以盟於洹水之上，以相堅也。夫親昆弟，同父母，尚有爭錢財。而欲恃詐偽反覆蘇秦之餘謀，其不可以成亦明矣。」不過與強秦稱兄道弟，無疑與虎謀皮，不過是張儀為自己一時權益的打算。

孝文皇帝前六年，漢遺匈奴書曰：「皇帝敬問匈奴大單于無恙。使郎中系雩淺遺朕書曰：『右賢王不請，聽後義盧侯難氏等計，絕二主之約，離兄弟之親，漢以故不和，鄰國不附。……朕甚嘉之，此古聖主之意也。漢與匈奴約為兄弟，所以遺單于甚厚。』」

兩漢的和親政策，實際上正是「約為兄弟」的繼續。雖然存在著政治家之間一時利益的結盟，但是主要用於對付外族，可以看作是「和親」政策的延續。在漢末動亂時期，北方已經出現了這類情形。以劉備為例，他未出山前，公孫瓚即「深與先主相友。瓚年長，先主以兄事之」。[198] 又《魏書・呂布傳》裴松之注引《英雄記》曰：

布見備，甚敬之，謂備曰：「我與卿，同邊地人也。布見關東起兵，欲誅董卓。布殺卓東出，關東諸將無安布者，皆欲殺布爾。」請備於帳中坐婦床上，令婦向拜，酌酒飲食，名備為弟。備見布語言無常，外然之而內不說。

後之論者每質疑於劉、關、張是否曾經約為兄弟。以此觀之，則由《三國志・關羽傳》描述的「先主於鄉里合徒眾，而羽與張飛為之禦侮……先主與二人寢則同床，恩若兄弟。而稠人廣坐，侍立終日，隨先主周旋，不避艱險」看，自《三國志平話》以來小說戲劇鋪敘「桃園結義」故事，雖不中，亦不遠矣。

魏晉以後門閥制度大行，故北朝顏之推《顏氏家訓・風操第六》還譏笑當時「異姓結拜」之風：

---

198 《三國志・蜀書・先主傳》。盧文弨注《顏氏家訓》謂：「古者，與其子相友，則拜其親，謂之『拜親之交』。馬援有疾，梁松來候之，獨拜床下，援不答。孔融先與陳紀友，後與其子群交，更為群拜紀。魯肅拜呂蒙母，結友而別。諸史所載，如此者非一。」可知東漢貴冑士大夫間，尚不得擅自結交，須得父母之允，「拜親」亦有禮儀。

　　四海之人，結為兄弟，亦何容易？必有志均義敵，令終如始者，方可議之。一爾之後，命子拜伏，呼為丈人，申父友之敬；身事彼親，亦宜加禮。比見北人，甚輕此節，行路相逢，便定昆季，望年觀貌，不擇是非，至有結父為兄，托子為弟者。

　　請注意「北人甚輕此節」之說，也證實了「結拜之風」是遊牧民族煽熾風習。唐代猶矜尚門閥士族之風，彼此稱謂亦注重家族大排行。「安史之亂」後家族或因戰亂而離散，或因殺戮而失怙，骨肉懸隔，不啻雲泥。唐室中興，需要仰托回紇吐蕃，則不能不師漢廷故技。《舊唐書·肅宗本紀》：

　　回紇遣其太子葉護領其將帝德等兵馬四千餘眾，助國討逆。肅宗宴賜甚厚。又命元帥廣平王（按即唐代宗）見葉護，約為兄弟，接之頗有恩義。葉護大喜，謂王為兄。[199]

　　放下身段，曲意接納，正是顏之推譏評的「行路相逢，便定昆季，望年觀貌，不擇是非。」隨著契丹、沙陀等族相繼入主中原，五代結拜之風更盛。宋朝立國也未能免俗。周世宗的宰相范質（西元九一一年至九六四年）曾有「舉世重交遊，義結金蘭契」的詩句，正好反映著趙匡胤所以能夠「黃袍加身」的背景。雖然正史受限於君臣有別，迴避了當初與他平輩交遊，「義結金蘭」的記敘，但也透露出一些端倪。《宋史》列傳第九、第十的傳主都是驍勇善戰的開國功臣，猜想就是趙氏兄弟當

199　「約為兄弟」後回紇就要求「和親」，曾令唐廷尷尬。《新唐書》卷二百一十七下：「回鶻之請昏，有司度費當五百萬。帝方內討強節度，故遣宗正少卿李誠、太常博士殷侑往諭不可。穆宗立，回鶻又使合達幹等來，固求昏，許之。俄而可汗死，使者臨冊所嗣為登囉羽錄沒蜜施句主毗伽崇德可汗。可汗已立，遣伊難珠、句錄、都督思結等以葉護公主來逆女，部渠二千人，納馬二萬、橐它千。四夷之使中國，其眾未嘗多此。詔許五百人至長安，餘留太原。詔以太和公主下降。主，憲宗女也。帝為主建府，以左金吾衛大將軍胡證、光祿卿李憲持節護送，太府卿李說為婚禮使。」

年拜把的「哥兒們弟兄」。除了與趙氏結為姻親者外，趙匡胤還曾對石
守信等言「我非爾曹不及此」，稱王審琦為「朕布衣交也」，對趙彥徽
「兄事之」，與韓令坤「同事周室，情好親密」，又「常兄事（慕容）
延釗。及即位，每遣使勞問，猶以兄呼之」等等，即此之類。不難由此
溯源，懸擬當年境況。後世小說《飛龍全傳》、《宋史演義》，以及戲
曲〈打瓜園〉、〈三打陶三春〉等都演繹過此類故事，可知其深入民心
的程度。

這也帶來一個問題：以今人之見，「忠義」一語究竟是聯合詞語，
還是偏正詞語呢？如果是偏正詞語，則「義」即「盡忠效命」；如果
是聯合詞語，則忠自「忠節」，即顧炎武《日知錄》所謂「是故知保天
下，然後知保其國。保國者，其君其臣，肉食者謀之；保天下者，匹夫
之賤，與有責焉耳」[200]，另有獨立價值在。

宋人探討非宗族社會人際間平等交往的內涵意義，續有新見。如王
明清《揮麈錄》卷四言：

昔人最重契義。朋從年長，則以兄事之；齒少，以弟或友呼焉。父
之交遊，敬之為丈，見之必拜，執子姪之禮甚恭。丈人行者，命與其諸
郎遊。子又有孫，各崇輩行，略不紊亂，如分守之嚴。

此處所言「昔人」，是指北宋士大夫之間的雍容揖讓，也是家族宗
法禮儀的社會延伸。「今俱不然」則是指南渡以後之事。洪邁《容齋隨
筆》卷九〈朋友之義〉也有針對於此的感慨：

朋友之義甚重。天下之達道五，君臣、父子、兄弟、夫婦而至朋友
之交。故天子至於庶人，未有不須友以成者。「天下俗薄，而朋友道

---

200 《日知錄》卷一三〈論風俗之正始〉。

絕。」見於《詩》。「不信乎朋友，弗獲乎上。」見於《中庸》、《孟子》。「朋友信之」，孔子之志也；「車馬衣裘，與朋友共」，子路之志也；「與朋友交而信」，曾子之志也。《周禮》六行，五曰任，謂信於友也。漢、唐以來，猶有范、張，陳、雷，元、白，劉、柳之徒，始終相與，不以死生貴賤易其心。本朝百年間，此風尚存。嗚呼，今亡矣！

可知宋人談論「義」的概念，已經超出士大夫家族之間的情誼。即俗所謂「世交」也者，實際上更偏重平等信義，患難互助，死生不渝，並再次強調「朋友」為「五倫」之一。[201]

山西運城常平村關公家廟「關王故里」石牌坊

201　臺灣學者提出人與社會中陌生的他人之間的關係（或者說人與社會的關係）為「第六倫」，成為 1960 年代的熱門話題。曾有論者以為儒家倫理對於「五倫」之外的忽略是一缺陷，其實是誤解，儒家對其他倫常關係也有論述和規定。

比較特別的是蘇軾鄉人唐庚的議論，他唯獨欣賞關羽、曹操之間各自的亮節高風，嘗議論道：

山西運城解州關帝廟寢宮

羽為曹公所厚，而終不忘其君，可謂賢矣！然戰國之士亦能之。曹公得羽不殺，厚待而用其力，可謂賢矣！然戰國之君亦能之。至羽立效以報公，然後封還所賜，拜書告辭而去，進退去就，雍容可觀，殆非戰國之士矣！曹公知羽必去，重賞以贐其歸，戒左右勿追，曰：「彼各為其主也！」內能平其氣，不以彼我為心；外能成羽之忠，不私其力於己，是猶有先王之遺風焉。吾嘗論曹公曰：「是人能為其善，而不能不為惡。能為善，是以能享國；不能不為惡，是以不能取天下。」[202]

202　四庫本《三國雜事》，第7頁上至第8頁下。

　　承認關、曹這段故事開創了一個新的價值標準，也算是為後世小說家搬演關羽、曹操的一段恩怨糾葛奠定了基調，也為北宋尊劉貶曹的議論增添了新的道德角度。

　　由古及今，交遊之寡眾，既有技術進步致使資訊往來頻繁，思維演進漸至獨特縝密細微；又有社會發展形成利益關合衝突，倫理變化促使親親睦鄰擴展。種種緣由，遂使「嚶其鳴矣，求其友聲」，「茫茫人海，知音難求」之感慨，發為古今同心之浩嘆，而每以「子曰詩云」所述，懸為「大道之行」之理想。是以春秋伯牙、鍾期之生前遇合，戰國角哀、伯桃之死後相依，成為人生「可遇不可求」之一極。

　　更為後人欽敬豔羨的，還得數春秋時代的「管、鮑之交」。因為他們之間能夠互相理解，雖經挫折，友誼彌堅，而且事功有成，名垂千古。這較之「隱逸偶遇型」的俞、鍾，和「慷慨死義型」的羊、左，更符合儒家積極入世的宗旨，尤其是北宋「黨爭」中友朋間彼此砥礪、風節相尚的現實。

　　錢鍾書《管錐編》論及漢代「『交遊』之事有二……交際以禮為重，而交友以情為主」時說：

　　禮者，忠信之薄，緣飾以節文者也。同心合志，求聲投契，以至於略名位而忘形骸，發乎情而永為好，情則忠信之未嘗薄而不容文勝滅質焉。[203]

　　這強調道義之交是一種超越利害得失之上的形態。歐陽脩在著名的〈朋黨論〉中就揭示過「同心合志」的重要意義：

　　所中者義，所行者忠信，所惜者名節。以義修身，則同道而相益；以義事國，則同心而共濟。始終如一，此君子之朋也。

203　《管錐編》第三冊，中華書局版，第 995 ～ 996 頁。

　　其實把「朋友之義」說得最為透澈的，還要追溯到《論語・泰伯篇第八》：

　　曾子曰：可以托六尺之孤，可以寄百里之命，臨大節而不可奪也。君子人歟？君子人也。

　　差不多就是宋人追慕「古之高誼」的盡頭。《三國志演義》之所以不厭其煩地為關羽添加了「屯土山約三事」、「降漢不降曹」、「夜讀《春秋》」、「千里走單騎」、「威鎮荊州」、「大義歸天」等系列情節，就是照著這幾句話演繹的。而劉、關、張由自少小貧賤之交，到長期轉戰流離，奔波分合，再到三分天下有其一的「有福共享」，再到相繼殉義的「有難同當」，完成了全忠、全節、全信、全義的生命過程。其中體現出來的「同心合志」、託孤寄命、臨難盡節、生死與共的情誼，又令管、鮑之交遜色多矣。後儒所以杜撰「桃園三結義」情節、並在盟誓中注入「上安社稷，下保黎民，不求同年同月同日生，但求同年同月同日死」的經世關懷，並以此作為異姓結義、君子之交的理想境界，才能發揮出持續、廣泛的普世影響。

　　值得注意的是，在中國漫長的歷史過程中，曾經幾次確立普適的價值準則。如春秋時《管子》已有「禮義廉恥，國之四維；四維不彰，國乃滅亡」之說；子思也有「仁義禮智信」之論。[204] 唐人柳宗元修正為：「廉與恥，義之小節也，不得與義抗為四維。」[205] 說明連唐代理學宗師也還沒有將「義」簡單地作為「忠」的附庸，但總算開啟了南宋理學重

---

204 「子思五行」是子思關於人的德行的五行學說，後人以為它和「孟子五行」是同一種學說，往往將兩者統稱為「思孟五行」。唐楊倞《荀子注》始給以明確的解說：「五行，五常：仁、義、禮、智、信。」

205 柳宗元〈四維論〉以為：「仁主恩，義主斷。恩者親之，斷者宜之，而理（治）道畢矣。」「不蔽惡」、「不苟得」之「廉」，與「不從枉」、「羞為非」之「恥」，其實都屬於「義」的範圍，因而進一步主張簡化為「仁義」：「吾見其有二維，未見其所以為四也。」

提「三綱五常」問題的先河。理學則特別推舉「仁義禮智」。《朱子語類》卷六〈性理三〉談「仁義禮智等名義」時，曾鉅細靡遺地討論過這個問題。當學生問：「仁、義、禮、智、誠、中庸，不知如何看？」朱熹的回答是：「仁義禮智，乃未發之性，所謂誠。中庸皆已發之理。人之性本實，而釋氏以性為空也。」然後以「四分法」強調「仁義禮智」的重要性。後世提倡名為「八德」的「忠孝仁愛信義和平」（一說為「孝悌忠信禮義廉恥」），[206] 請注意，三千年間儒家提倡的價值準則中，只有一項是共通的，這就是「義」。可見「義」之為道，始終處於傳統道德 ── 價值體系的核心。

206　國民政府 1929 年制定《中華民國教育宗旨及其實施方針》，明確提出以中國傳統道德中的四維（禮義廉恥）、八德（忠孝仁愛信義和平）、五達道（即五倫：君臣、父子、夫婦、兄弟、朋友）、三達德（又稱武德，即智、仁、勇）等，作為道德教育的基本內容。

第四章
忠節觀念的確立

道德失範

「忠」是儒家基本的倫理規範，《論語·里仁》中曾參對孔子的思想作過簡要概括：「夫子之道，一以貫之，忠恕而已矣。」但究竟何德而謂「忠」，卻代有解讀，並不統一。《大戴禮記·曾子大孝》談「忠」，也只說「忠者，中此者也。」以「中正平和」為「忠」，並未涉及「效忠」的問題。古人向有人際交往的對等原則，如《尚書·泰誓》：

撫我則后，虐我則仇。

《孟子》：

君之視臣如手足，則臣視君如腹心；君之視臣如犬馬，則臣視君為國人；君之視臣如土芥，則臣視君如寇讎。

錢鍾書對此數有辨析，如曾舉《史記·刺客列傳》載豫讓之「范、中行氏皆眾人遇我，我故眾人報之；至於智伯，國士遇我，我故國士報之。」又以《漢書·賈誼傳》延伸而道之：

主上遇其大臣如遇犬馬，彼將犬馬自為也；如遇官徒，彼將官徒自為也……故見利則逝，見便則奪；主上有敗，則因而挺之矣；主上有患，則吾苟免而已，立而觀之耳。

認為是「因小見大，有關治體，匪特恩私之酬報矣」。[207] 但後世以「忠節」屬連，進行了新的定義，尤其以效忠國家社稷的「忠君」為主。董仲舒《春秋繁露》第五十一《天道無二》言：

207　參《管錐編》第一冊，中華書局版，第 326～328 頁。

心止於一中者，謂之忠；持二中者，謂之患；患，人之中不一者也。不一者，故患之所由生也。是故君子賤二而貴一。

這種說法成為後世強調「忠心不二」的新解。《隋書》載煬帝賜楊素詔，曾引古語謂「疾風知勁草，世亂有誠臣」，後句又衍變為李世民詩「板蕩識忠臣」。其實初唐也並不崇尚和獎勵「忠臣」，即使是以開明納諫而著稱於史的「貞觀之治」，以勇於諍諫而聞名後世的名相魏徵，[208] 當李世民以高熲、諸葛亮為榜樣，開導群臣「若如此，則榮名高位，可以長守」的時候，魏徵就對唐太宗訴說過「難當忠臣」的肺腑之言，道盡了初唐「忠臣」的尷尬處境：

良臣身獲美名，君受顯號，子孫傳世，福祿無疆；忠臣身受誅夷，君陷大惡，家國並喪，空有其名。[209]

《貞觀政要》記載了這樣一件事：貞觀十六年（西元六四二年），唐太宗向左右大臣提出一個問題：「當今國家何事最急？各為我言之。」高士廉說「養百姓最急」，劉洎說「撫四夷急」，岑文本說「禮義為急」。褚遂良則說「太子、諸王，須有定分……此最當今日之急。」於是唐太宗袒露自己的心事說：

此言是也。朕年將五十，已覺衰怠。既以長子守器東宮，諸弟及庶子數將四十，心常憂慮在此耳。但自古嫡庶無良佐，何嘗不傾敗家國。公等為朕搜訪賢德，以輔儲宮及諸王，咸求正士。[210]

208　《大唐新語‧規諫第二》：「太宗嘗罷朝，自言：『殺卻此田舍漢！』文德皇后問：『誰觸忤陛下？』太宗曰：『魏徵每庭辱我，使我常不得自由。』皇后退，朝服立於庭。太宗驚曰：『何為若是？』對曰：『妾聞主聖臣忠。今陛下聖明，故魏徵得盡直言。妾備後宮，焉敢不賀！』於是太宗意乃釋。」此條採入新、舊兩唐書。可知魏徵最後還是被時論目為「忠臣」。

209　《舊唐書‧魏徵傳》。

210　《貞觀政要‧太子諸王定分》。

　　可知英主如李世民，開明如貞觀盛世，也沒有把禮義即標準價值放在國家政治的要務上，一旦遭遇危機，「傾敗家國」，天下大亂，君上臣下自然就惶急無主，無所適從了。[211]

　　西漢的文化設計是「以孝治天下」，「忠君」即是「孝父」的推演和延伸。初唐曾因「沙門不拜君親」引發過皇帝與釋門對抗以及廷臣之間的大爭論，後經「三教論衡」及其他原因，終於使佛徒認同「孝」為釋徒報恩之一種。[212] 但身臨國難，「孝」也不免成為戀家或苟且偷生的藉口。尤其當朝士用命之際，把「孝」擺在當頭，也是一種尷尬。所以中唐儒士曾為「忠孝能否兩全」引發過一場爭論。封演《封氏聞見記》卷四〈定謚〉云：

　　代宗朝吏部尚書韋陟薨，太常博士程皓謚曰「忠孝」，刑部尚書顏真卿駁之：「出處事殊，忠孝不併。已為孝子，不得為忠臣，忠臣不得為孝子。故求忠於孝，豈先親而後君？移孝於忠，則出身而事主。所以叱馭而進，不憚危險，故王尊為忠臣；思全而歸，恐有毀傷，故王陽為孝子。則知晝之與夜本不相隨，春之與秋豈宜同日？且以為尚書忠業高遠，羽儀前朝，百行之中，能事甚眾。議行稱謚，固多美名。何必忠孝兩施，然後表德。歷考前史，恐無此事。敢率愚見，請更商量。」皓執前議曰：「天地之性人為貴，人之行莫先於孝。孝於家則忠於國，愛於父則敬於君。脫愛敬齊焉，則忠孝一矣。夫君臣上下不可以廢忠，事父母、承祭祀不可以虧孝。忠孝之道，人倫大經。孔子曰：『以孝事君則

211　元初郝經對於漢、唐亡國有獨特見解，以為：「漢氏則大綱舉而細目疏，故其弊則禍起於外戚，而國竊於大臣；李唐則細目舉而大綱疏，故其弊則禍起於衽席，而位移於藩國。」亦是指漢代確立了價值規範而無實施細則，而唐代雖有禮儀制度卻沒有確立價值規範。（〈上宋主陳請歸國萬言書〉，《全元文》第四冊第 138 頁，江蘇古籍出版社 1998 年版）

212　拙作〈三教論衡與唐代俗講〉曾論及此，載《周紹良先生欣開九秩紀念文集》，中華書局1997 年 5 月出版。除了唐人撰寫有《孝經》外，《敦煌遺書》還存有〈詠孝經詩〉作為兒童啟蒙誦讀之物。

忠。』又曰：『夫孝始於事親，中於事君，終於立身。』此聖人之教也。至於忠孝不併，有謂而言：將由親在於家，君危於國，奉親則孰當問主；赴國則無能養親。恩義相迫，事或難兼。故徐庶指心，翻然辭蜀；陵母刎頸，卒令歸漢。各求所志，蓋取諸隨。至若奉慈親、當聖代、出事主、入事親，忠孝兩全，誰曰不可？豈以不仕為孝，舍親為忠哉！況忠孝侯之傳鵲印，唐堯之代即有此官。伏念美名，請依前謚。」有司不能駁焉。

按《韓非子·五蠹》曰：

魯人從君戰，三戰三北，仲尼問其故，對曰：「吾有老父，身死莫之養也。」仲尼以為孝，舉而上之。以是觀之，夫父之孝子，君之背臣也。

這是從為政者即管理者角度對「忠孝兩全」提出的有力質疑，尤其容易得到像顏真卿這樣的政治家、軍事家的贊同。錢鍾書曾以大段篇幅辨析先秦漢魏之「公義私恩，兩端難執」諸種情狀，認為：

後世小說、院本所寫「忠孝不能兩全」，意發於此。《毛詩》中只一見，而《韓詩》則屢見，且加屬而為悲劇性之進退維谷（tragic dilemma），生死以之。[213]

也許正是為了解決這個困惑，後世才出現了《忠經》[214]。通篇以儒家觀念立論，闡述「忠之為道」，力圖補正《語》、《孟》對於「忠」的論說之闕，主張「忠者，中也，至公無私。」「忠也者，一其心之謂也。」對後世尤其是理學的實際影響較大。他們認為「忠臣」不僅僅是為了君主和國家捨身忘我，也不僅僅是平日直諫，臨難死節，而是在於

---

213 《管錐編·毛詩正義·四牡》，參中華書局版第一冊第 134 ～ 136 頁。

214 《忠經》舊題「漢馬融撰，鄭玄注」。《宋史·藝文志》始予著錄。《四庫全書總目》卷九五認為「其為宋代偽書，殆無疑義」。余嘉錫《四庫提要辨證》懷疑作者為曾著《絳囊經》的唐代居士馬雄，惜無有力證據。故筆者仍從總目。

用心謀劃，嚴密實施，匡正錯失，撫愛人民，端莊威嚴，運用法律，來
教化民眾，上下一心，略同魏徵所說的「良臣」。[215]

　　且說唐代雖然素以盛大誇耀於史，亦為後人豔稱，卻始終沒有能夠
樹立起一套保障官僚體制忠誠的價值系統來。緊接著「貞觀之治」的
便是「武周代唐」，緊接著「開元盛世」的便是「天寶之亂」，一治一
亂。短短一百一十四年間，一方面「秦王掃六合，虎視何雄哉。揮劍決
浮雲，諸侯盡西來」，「雄圖發英斷，大略駕群才」建立了空前強大的
中央集權；[216] 另一方面宮廷內部管理極為不力，龐大的官僚系統不堪一
擊。不但容易造成政局的大幅度振盪，就是至親骨肉的皇子王孫，不是
引頸受戮於皇家刑場，就是鐵騎踐踏於京城天街。以致杜甫在〈哀王
孫〉裡充滿感情道：

　　金鞭斷折九馬死，骨肉不得同馳驅。
　　腰下寶玦青珊瑚，可憐王孫泣路隅！
　　問之不肯道姓名，但道困苦乞為奴。
　　已經百日竄荊棘，身上無有完肌膚。
　　高帝子孫盡隆準，龍種自與常人殊。
　　豺狼在邑龍在野，王孫善保千金軀。
　　不敢長語臨交衢，且為王孫立斯須。

　　韋莊〈秦婦吟〉述唐王朝滅亡之慘狀更為淋漓。《十國春秋‧韋莊
傳》：「應舉時，遇黃巢犯闕，著〈秦婦吟〉云：『內庫燒為錦繡灰，
天街踏盡公卿骨』。人稱為『秦婦吟秀才』。」韋莊「杜陵人。唐臣見

215　在晚唐的敦煌寫本中，顯揚「忠孝」觀念的作品已占有相當比例。其中不僅包括劉向《孝子傳》中的董永、舜子至孝故事，還有現實中張潮叔姪忠義歸唐的故事。

216　今人多有以李白古風〈秦王掃六合〉為頌揚嬴政，這不過是粗淺地從字面意義來解讀。李世民未繼大統前亦封秦王，且戰功顯赫。

素之後也。」唐長安時諺有「城南韋、杜，去天尺五」之說，韋杜兩氏本為與李唐王朝同氣連枝的高門大姓，故對其衰落滅亡更有切膚之痛。

這種倫理觀念上的薄弱和混亂，在「安史之亂」中表現得尤為明顯。唐大曆、貞元、元和年間因為勉強抑制住藩鎮叛亂趨勢的蔓延，史稱「中興」之後，首先面臨的問題就是如何處置安史之亂的「從賊諸臣」。

話說「漁陽鼙鼓動地來，驚破霓裳羽衣曲」之際，李隆基擁楊玉環倉皇出逃，卻把京城的文武百官都甩給了叛軍（史書所謂「陷賊」），[217] 有的親貴還甘心為亂賊效力。兩京收復，肅宗「回鑾」以後，如何處理「從賊諸臣」便成了大問題，這曾引發過一次激烈爭論。趙翼在《二十二史劄記》中總結並議論說：

> 安祿山之變，唐臣貴如宰相陳希烈，親如駙馬張垍，皆甘心從賊，靦顏為之臣，此即處以極刑，豈得為過？乃廣平王收東京後，希烈等數百人押赴長安，崔器定儀注，陷賊官皆露頭跣足，撫膺頓首於含元殿前，令扈從官視之，並概請誅死。李峴爭之，謂非維新之典，偽官內或陛下親戚，或勳舊子孫，概處極法，恐乖仁恕。況殘寇未平，尚多陷賊者，若盡行誅，是益堅其從賊之心。乃議六等定罪。（器、峴等傳）《舊書》謂峴此奏全活無算。《新書》亦謂因此衣冠更生，賊亦不能使人歸怨天子，皆峴力也。是皆以器為過當，峴為持平。按是時蕭華自賊中歸，奏云，仕賊官有為安慶緒驅至河北者，聞廣平王宣恩命釋放，皆相顧悔恨。

---

217 杜甫在「安史之亂」後有〈奉贈王中允維〉詩，原注：「明皇云：從賊之臣，如陳琳之檄曹操者多矣。王唯獨痛賦『秋槐落葉』詩，故不得比陳琳也。」說明王固已「失節」，但尚可「優容」。晚唐詩人儲嗣宗〈過王右丞書堂二首〉之二（《全唐詩》卷五百九十四）「感深蘇屬國，千載五言詩」，則逕以王維比擬蘇武，自注「右丞昔陷賊庭，故有此句」。這種評價上的變化，亦可見出倫理上的日漸模糊，也從某方面表明了儒士在晚唐混亂政局中的尷尬處境。不以蘇武自況，還能比擬何人？

及聞崔器議刑太重，眾心又搖。（器傳）李勉亦奏肅宗曰：「元惡未除，點汙者眾，皆欲澡心歸化，若盡殺之，是驅天下以資凶逆也。」由是全活者眾。蓋當日時勢或有不得不從輕典者，然一時權宜，用以離攜賊黨則可，若竟以峴所奏為正論則非也。堂堂大一統之朝，食祿受官，一旦賊至，即甘心從賊。此而不誅，國法安在！乃當時無不是李峴而非崔器，何也？……蓋自六朝以來，君臣之大義不明，其視貪生利己，背國忘君，已為常事。有唐雖統一區宇已百餘年，而見聞習尚猶未盡改，顏常山、盧中丞、張睢陽輩，激於義憤者，不一一數也。至宋以後，始知以忠義為重，雖力所不及者，猶勉以赴之，豈非正學昌明之效哉！[218]

這裡的義正詞嚴，當然有異代不同時的漂亮話，也包含著理學史觀價值的嚴厲評價。但此舉畢竟開始了對大臣的不忠進行「懲戒」，為漢魏六朝至隋唐臣僚遇變則首鼠兩端的行為作了一個了斷。而「揚善」則是對「懲惡」的自然延伸和補充，所以唐德宗李適撰寫〈贈太尉段秀實紀功碑〉開宗明義就講：

立人之道，曰君與臣；立臣之道，曰忠與節。忠莫極於衛國，節莫大於忘身。存其誠德貫乎天地，致其功用施於社稷。獨斷剿凶愿之命，沉謀安宇宙之危。其智勇足以拯時，其義烈足以宏教。非昊穹錫慶，數佑皇家，重振紀綱，再激汙俗，何邂逅之會，而獲見斯人。[219]

218　〈「六等定罪，三日除服」之論〉，載《二十二史劄記校證》第 434～435 頁。晚清張亮採在《中國風俗史》中議論此節說：唐之後半部歷史焉得不成為藩鎮擅命之歷史哉！全氏祖望曰：「收拾遺文，唐末忠義尚可得十餘人。司空圖、韓偓、孫合、羅隱、王居岩、朱葆光、顏蕘、李濤、梁震、黃岳、張鴻、梁昊是也。又有許儒，見《王荊公集》，然亦寥寥矣。」（東方出版社《民國學術經典文錄》本，1997 年版）語尤明決，可惜也是後見之明。又趙翼還有「明從賊官六等定罪」，談及李自成進北京後南明朝廷擬定的由「一等應磔者」到「六等應杖贖者」，由此可以比較兩者的懲處力度，以見出理學「忠義」價值觀確立以後，群情對於「失節叛臣」的憤恨。（同上書，第 823～826 頁）

219　《全唐文》卷五十五。

急切為臣下樹立捨身衛國的「忠節」，作為新的道德標準。他又在〈西平王李晟東渭橋紀功碑〉的開首感喟道：

天有柱以正其傾，地有維以鈕其絕，皇王有輔佐以濟其艱難。非命曆所歸，不得生良弼；非君臣相合，不能集大勳；非暴亂宏多，不足表忠節；非奸猾熾焰，不克展雄才。天與事肆會，然後臣功著而王業興焉。

在歷數了興唐諸將的功績之後，李適還特別將李晟與郭子儀並列：

天寶之際，盜起幽陵，翠華南征，潼關不守。廣德之際，戎軷邠郊，皇輿東巡，酆官罷警。則有若尚父子儀等殄殲醜逆，冊肅宗於岐；攘卻蕃夷，翊代宗於陝。建中四祀，寇發上京，暴蔑人神，僭稱名器。則有若西平王晟等翦滅大憝，廓清中區。唯茲數公，異時同德，道濟於社稷，勳書於彝鼎。唐之得人，於斯為甚。

不僅如此，他還親自為李晟作神道碑，極盡哀悼惋惜之意。但如果我們注意到，在唐代武成王廟的陪祀中始終沒有出現李晟的身影，就不難理解五代史家在李晟論贊中的以下話語的分量了：

西平器偉才雄，人望而畏，出身事主，落落有將帥之風，見義能勇，聽受不疑。忠於事君，長與應變，誠一代之賢將也……而德宗皇帝聽斷不明，無人君之量，俾功臣困讒慝之口，奸人秉衡石之權。丁瓊之言，誠堪太息。雖齦齦刻渭橋之石，區區賜凌煙之銘，亦何心哉！[220]

所謂「丁瓊之言，誠堪太息」，是指長史丁瓊本有怨望，在李晟被剝奪兵權時，曾建議他「以公功，乃奪兵柄，夫唯位高者難全，盍蚤圖之？」而被李晟駁斥為「不祥之言」，執瓊以聞。可見《舊唐書》作者

---

220 《舊唐書‧李晟傳》論贊。

猶帶五代士大夫意識，認為君既不君，則臣將不臣，所謂「蚤圖之」，或即擁兵自重，不假節鉞；或即自立為王，取而代之，如朱泚然。何況孟子本有「君之視臣如手足，則臣視君如腹心；君之視臣如犬馬，則臣視君如國人；君之視臣如土芥，則臣視君如寇讎」[221] 的說法。

　　歐陽脩的說法就溫和委婉得多。他雖然也同情李晟，認為唐德宗是「庸主」，但卻以為急流勇退才是功臣「免禍」之法：

　　晟無積貲輸糧，捉【提】孤軍抗群賊，身佩安危而氣不少衰者，徒以忠誼感人，故豪英樂為之死耳。至師入長安而人不知，雖三王之佐，無盡其能，可謂仁義將矣！嗚呼，功能存社祏，不能見信於庸主，卒奪其兵，哀哉！雖然，功蓋天下者，唯退，禍可以免。[222]

　　趙山林〈南北融合與關羽形象的演變〉一文[223]，曾引用乾隆三年刊《蒲州府志》卷二十四所載「唐人小說」一則謂：

　　李晟鎮河東日，夜夢偉人來謁，自言：「漢前將軍關某也。蚩尤為亂，上帝使某征之，顧力弱不能勝，乞公陽兵助我。來日午時約與彼戰，我軍東向，彼西向。」語訖而去。晟早起，心異所夢，令軍士列陣東向，如所戒。是日天氣晶朗，至午，忽陰雲四合，大風驟作，沙石飛起。晟曰：「是矣！」即令鳴鼓發矢，如戰鬥狀。久之，風止雲豁，視士卒，似多有傷者。其夜，復夢來謝云：「已勝蚩尤。」

　　此篇未見其他記載，如果確實為唐人所作，應該是現存關公故事中最早的「小說」資料了，[224] 頗惜作者沒有進一步補證。該記敘明顯不同

221　《孟子·離婁下》。

222　《新唐書·李晟傳》論贊。

223　原載《文學遺產》雜誌 2000 年第 4 期。

224　文淵閣本《四庫全書》輯錄雍正十二年《山西通志》載，山西芮城有「西平王廟：在陌底鎮。祀唐功臣李晟。宋政和元年李弼亮記。」(133 冊，卷 167，90 頁) 這個傳說也許是附會

於其他「斬蚩尤」之傳說形態，且頗關涉一些唐代有關忠義的故實，值得為之辨析。此外，這則傳說未能言明蚩尤何以為亂，關羽何以要征，分派命令之「上帝」究竟屬於何方神聖，自不如宋後出現的說法略具條理。但唯其如此，尤能引起探究興趣。

中晚唐政局反覆多變，皇帝動輒就倉皇出逃，確實會令留在京城無力隨「狩」的臣下無所是其從。錢鍾書論及杜甫〈哀江頭〉「黃昏胡騎塵滿城，欲望城南望城北」句時，以為「杜詩尤淒警」：「杜疾走街巷，身親足踐，事境危迫，衷曲惶亂，有若張衡〈西京賦〉所謂『喪精亡魄，失歸忘趨』。」[225]歐陽脩記敘桑道茂向李晟預請赦書的故事，正表示著對於這種兩難處境的「同情之理解」。值得注意的是，《太平廣記‧桑道茂》所載唐人記敘，卻與歐史顯有差異：

> 李西平晟之為將軍也，嘗謁桑道茂。茂云：「將軍異日為京兆尹，慎少殺人。」西平曰：「武夫豈有京兆尹之望。」後興元收復，西平兼京尹。時桑公在浮囚之中，當斷之際，告西平公：「忘少殺人之言耶。」西平釋之。（出《傳載》）

其實，既然桑道茂預言那麼準，理應預見並避免自己身陷這種兩難處境。「縑帛」之類道具，「書具」預赦，「衿臆」題免等等橋段，明顯為「想當然」之增飾，此亦當時說書人、後世小說家之慣技耳，不過是表達出了修史者的微妙情感。據說黃幡綽也遇到過這種尷尬，李德裕《次柳氏舊聞》言：

此廟而來。
225　參《管錐編》第三冊，中華書局版，第 988 ～ 989 頁。

安祿山之叛也，玄宗忽遽播遷於蜀，百官與諸司多不知之。有陷在賊中者，為祿山所脅從，而黃幡綽同在其數，幡綽亦得出入左右。及收復，賊黨就擒，幡綽被拘至行在。上素憐其敏捷，釋之。有於上前曰：「黃幡綽在賊中，與大逆圓夢，皆順其情，而忘陛下積年之恩寵。祿山夢見衣袖長，忽至階下，幡綽曰：『當垂衣而治之。』祿山夢見殿中欂子倒，幡綽曰：『革故從新。』推之多此類也。」幡綽曰：「臣實不知陛下大駕蒙塵赴蜀。既陷在賊中，寧不苟悅其心，以脫一時之命？今日得再見天顏，以與大逆圓夢必知其不可也。」上曰：「何以知之？」對曰：「逆賊夢衣袖長，是『出手不得』也；又夢欂子倒者，是『胡不得』也。以此臣故先知之。」上大笑而止。

倡優之人，對於兩難處境自有兩解變通之說，把政治上的兩面逢迎化為事上諛君的左右逢源，終得一笑而釋。

但是無論如何，踵繼顏真卿、段秀實、張巡等人榜樣之後，晚唐也還有幾個忠節自許，活得高風亮節的閥閱大臣。陸游《老學庵筆記》卷六曰：

黃巢之入長安，僖宗出幸。豆盧瑑、崔沆、劉鄴、于琮、裴諗、趙蒙、李溥、李湯皆守節，至死不變。鄭綦、鄭系，義不臣賊，舉家自縊而死。以靖康之變言之，唐猶為有人也。

當然也有被迫當了忠節之臣的。《舊五代史》卷十八〈李振傳〉：

天祐中，唐宰相柳璨希太祖旨，僭殺大臣裴樞、陸扆等七人於滑州白馬驛。時振自以咸通、乾符中嘗應進士舉，累上不第，尤憤憤，乃謂太祖曰：「此輩自謂清流，宜投於黃河，永為濁流。」太祖笑而從之。[226]

226　這正是當年關公斬顏良的地方。《三國志‧蜀志》：「曹公使張遼及羽為先鋒擊之，羽望見良麾蓋，策馬刺良於萬眾之中，斬其首還，紹諸將莫能當者，遂解白馬圍。」《後漢書‧袁

　　宋人嘲笑唐臣之無節，還有以他事作譬的。《鶴林玉露》卷之六甲編「猴馬」條：

　　唐明皇時教坊舞馬百匹，天寶之亂流落人間。魏博、田承嗣得之，初不識也。嘗燕賓僚，酒行樂作，馬忽起舞，承嗣以為妖，殺之。昭宗養一猴，衣以俳優服，謂之「猴部頭」。朱溫既篡，引至坐側。猴忽號擲，自裂其衣，溫叱令殺之。嗚呼！明皇之馬，有愧於昭宗之猴矣。

　　話題再回到李晟與「關公戰蚩尤」的傳說上來。「萬人之敵」如關公，也有過不了的坡，也有伸手求援的時候。當年關羽敗走麥城，不可忽視的原因是遭遇了三重背叛，包括策略盟友孫權、友鄰部隊劉封、孟達和荊州部將傅士仁、糜芳，使他守護劉備政權的扶漢努力功虧一簣。這一次在故事中他沒有失望。作為託夢溝通的隔代知音，李晟信守承諾，為他援手，終於贏得了勝利。

推舉忠節

　　晚唐名相李德裕左遷崖州時多有磊落不平之作，輯為《窮愁志》，相關還有〈英傑論〉、〈近世節士論〉、〈朋黨論〉、〈三國論〉、〈貨殖論〉等，能以「憂其君」之心，從容論及英傑豪俠之事。〈豪俠論〉筆端一轉，說到了文士亦當「知義」：

　　士之任氣，而不知義，皆可謂之盜矣。然士無氣義者，為臣必不能死難，求道必不能出世。近代房儒復問徑山大師：「欲習道，可得至乎？」徑山對曰：「學道者，唯猛將可也。身首分裂，無所顧惜。」由

紹劉表列傳上》注：「白馬，縣，屬東郡，今滑州縣也，故城在今縣東。」

是知士之無氣義者，雖為桑門，亦無足觀矣！[227]

　　他是以「會昌排佛」著稱的名相，所以指斥桑門釋徒，也是表示他對「無氣義之士」的極端蔑視。〈近世節士論〉又言：

　　夫名節者，非危亂不顯，非險難不彰。免鈇鑕全性命者尚十無一二，況福祿乎？若使不受困辱，不嬰楚毒，父母妻子，恬然自樂，則天下之人盡為之矣，又何貴於名節哉！[228]

　　這又是針對唐末士夫專注個人得失，闕失整體價值觀念的激憤之詞。於是他想到了關羽、張飛，在〈英傑論〉中說：

　　蜀先主與關羽、張飛同臥起，而稠人廣眾坐，侍立終日，皆用此道，故能成功。夫御英傑，使猛將，與見道德之人，接方正之士不同也，不可以繁禮飾貌，以浮辭足言。宜洞開胸懷，令見肝肺，氣懾其勇，恩結其心，雖踞洗招之，不為薄矣！祿山，夷狄之譎詐者也，非將門英豪，草萊奇傑，其戰鬥之氣，擊刺之才，去關、張遠矣！天寶末，受專征之任，托不御之權，入朝賜宴，坐內殿西序雞障之下，非其所據，果蓄異圖，幽陵屬隘，至今為梗。蓋恩甚驕盈，以至於此。倘以徒隸蓄之，豈有斯恨！[229]

　　也是對唐王朝待士不能開誠布公、不知良莠的搖頭痛惜。「倘以徒隸蓄之」一語，是否意寓當時的宦官專權變亂朝政？李德裕夫婦死於大中三年（西元八四九年），二十多年以後黃巢起事（西元八七五年），再二十年唐王朝滅亡（西元九〇七年），後世史家為唐亡羅列多種因素，價值體系失序也是原因之一。唐末已不可能再有勇於承擔責任的

227　《全唐文》卷七〇九，第 3225 頁。
228　《全唐文》卷七〇九，第 3222 頁。
229　《全唐文》卷七〇九，第 3225 頁。

「英傑豪俠」，滿朝文武只能眼睜睜束手待斃，茫茫然引頸以戮了。但是隨著唐朝滅亡，五代更替，北宋初年「道德教化」仍付闕如。

與范仲淹同為蘇州人氏的丁謂（西元九六二年至一〇三三年）是宋真宗時代的名相，權傾一時，亦屬能員幹吏，曾有「丁謂施工」案例，運籌學至今為之延譽。[230] 他後來在仁宗朝以雷允恭案發牽連，以「交接內侍」，與女巫劉通妙狼狽為奸，假造祥瑞，「語涉妖誕」，「籍其家，得四方賂遺，不可勝紀」等被貶。又因諂上驕下，以及「天書降神」中逢迎上意，而為時論及後人所不齒，號為「佞相」。從後果看來，他所以「聰明反被聰明誤」，仍然在於道德觀念的欠缺，行事無所忌憚。在《王文正筆錄》中王曾記載過他這樣一段談話：

宰相丁公謂在中書，暇日語同僚曰：「西漢高祖，何如主？」或曰：「奮布衣取天下，觀其創業垂統，規模宏遠，實英雄主也。」丁曰：「何英雄之有？張良導之左則左，陳平勸之右則右。及項羽既死，海內無主，天下自歸之。蓋隨流委順，於物無競，一田舍翁耳！」又嘗言：「古今所謂忠臣孝子，皆不足信。乃史筆緣飾，欲為後代美談也！」此雖近乎戲，抑斯言之玷。[231]

丁謂還真說到做到，對道德名節滿不在乎。《宋史·寇準傳》曾載：

初，丁謂出準門，至參政，事準甚謹。嘗會食中書，羹汙準須，謂起，徐拂之。準笑曰：「參政國之大臣，乃為官長拂須邪？」謂甚愧之，由是傾構日深。

---

230 清人潘永因輯《宋稗類鈔》卷之三「才幹」言：「祥符中，禁火。丁晉公主營繕宮室，患取土遠，公乃令鑿通衢取土。不日皆成巨塹。乃決汴水入塹中，引諸道竹木排筏，及船運雜材，盡自塹中入公門。事畢，卻以斥棄瓦礫灰壤實於塹中，復為街衢。一舉而三役濟，計省費以億萬計。」（北京：書目文獻出版社1985年排印本，第226頁）這在大型建築施工歷史上可謂創舉。
231 錢鍾書《管錐編》亦引此節，說明碑文史傳之虛妄。

　　這便是口語「溜鬚拍馬」的由來。丁謂貶謫之後，宋仁宗曾言：「欽若久在政府，觀其所為，真奸邪也。」宰相王曾回奏曰：「欽若與丁謂、林特、陳彭年、劉承珪，時謂之『五鬼』。奸邪險偽，誠如聖諭。」[232] 可知王曾對於丁謂的意見。只是丁謂斷然不會想到，後世史家挑選出來的「忠良」楷模（或曰「文人楷模」），竟然就是他身邊的師長以及同事、後輩。

　　《宋史》卷四百四十六〈忠義傳〉沿襲了歐陽脩《新五代史》的體例和說法，並延伸說：

> 士大夫忠義之氣，至於五季，變化殆盡。宋之初興，范質、王溥猶有餘憾，藝祖首襃韓通，次表衛融，以示意向。真、仁之世，田錫、王禹偁、范仲淹、歐陽脩、唐介諸賢，以直言讜論倡於朝，於是中外縉紳知以名節為高，廉恥相尚，盡去五代諸陋矣。故靖康之變，志士投袂，起而勤王，臨難不屈，所在有之。及宋之亡，忠節相望。

　　我們在北宋黨爭中，實際上已經看到了這種求聲投契，同心共濟，始終如一的道義之交，說明歐陽脩的確心口如一，說到做到。這也涉及兩宋道德信仰及價值觀的建構過程，關公崇拜其實就是緣此脫穎而出，扶搖直上的。不妨以北宋的兩次「新政」，即「慶曆新政」和「王安石新法」（史稱「熙寧變法」）為例，解析其價值取向的異同和後果。

　　「慶曆新政」是以范仲淹、歐陽脩等人為代表的士大夫革除積弊、振刷吏風的一次努力，慶曆三年（西元一○四三年）「章得象、晏殊、賈昌朝、韓琦、范仲淹、富弼同時執政，而歐陽脩、蔡襄、王素、余靖並為諫官」，石介作〈慶曆聖德詩〉頌之：

232　《宋史・丁謂傳》。又王夫之《宋論》言：「王曾，宋之君子也。丁謂之為小人，天下允之，萬世允之者也。」但以王曾計陷丁謂為不然。參中華書局排印本 72 ～ 723 頁。

帝既擢任范仲淹、韓琦、富弼等，每進見，必以太平責之，數令條奏當世務。仲淹語人曰：「上用我至矣。然事有後先，且革弊於久安，非朝夕可能也。」帝再賜手詔督促，既又開天章閣召對，賜坐，給筆札，使疏於前。仲淹、弼皆惶恐避席，退而列奏，言十事：一曰明黜陟，二曰抑僥倖，三曰精貢舉，四曰擇官長，五曰均公田，六曰厚農桑，七曰修武備，八曰減徭役，九曰覃恩信，十曰重命令。帝方信向仲淹等，悉用其說。當著為令者，皆以諸事畫一次第頒下。

是為「慶曆新政」，歷時年餘。[233]

我們注意到，「慶曆十議」中頭四條都涉及用人標準的問題，第一條要求「復位文武百官磨勘，將以約濫進，責實效」。是加強對在任官員的監督檢查；第二條「復位文武百官奏蔭，及不得陳乞館閣職事，將以革濫賞，省冗官也」。是主張節省使用官方人事資源；第三條「為天下舉人先取履行，次取藝業，將以正教化之本，育卿士之材也」。是強調以科舉選士為標準，藉以引領教育政策；第四條慎重選擇地方實權派官員，「將以正綱紀，去疾苦，救生民也。」第九、第十兩條也是從政府如何建立「誠信」和「威嚴」兩方面提出的建議。可以說，「慶曆十議」的主要特點在於注重人事上的「誠信」和實施財政上的「節流」，漸進振興。這當然是慢功細活，不能一蹴而就，與宋仁宗「以猛藥起沉痾」的急切期待不符，也許這才是「慶曆新政」失敗的真實原因。而王安石的「熙寧新法」踵繼而起，則以財政上「不加賦而國用足」[234]的

233 《續資治通鑑·慶曆三年》。概況可參明人陳邦瞻《宋史紀事本末》卷二十九「慶曆黨議」，中華書局1977年排印本，第一冊，第231～250頁。
234 中唐劉晏在藩鎮割據、中央財政緊缺的局勢中，提出「民不加賦而國用足」，主要是採用鼓勵流通、以商補農的辦法。比如過去食鹽是民製、官收、官運、官銷，他改為民製、官收、商運、商銷。精減了官員，節省了開支，在不抬價的前提下增加財政收入，做到了「官收厚利，而民不知貴」(《新唐書·食貨志》)。其實比較劉晏和王安石的區別，即知「熙寧新法」在商業上實有缺陷。枝蔓不談。

「開源」實用政策和激進手段，許以必成，且大刀闊斧，雷厲風行，因而大得宋神宗及其繼承者哲宗、徽宗的歡心。續後再論。

「慶曆新政」亦有前因。景祐三年（西元一〇三六年）范仲淹上〈百官圖〉譏刺宰相呂夷簡任用親信，並上書譏切時弊，被貶知饒州。余靖、尹洙、歐陽脩、蔡襄等上疏論救，皆遭斥逐，並被誣以「朋黨」，是謂北宋「黨爭」之始。梅聖俞（西元一〇〇三年至一〇六一年）曾寄〈靈烏賦〉以諷范氏，其言「鳳不時而鳴，烏啞啞兮招唾罵於里閭。烏兮！事將乖而獻忠，人反謂爾多凶」云云，意在規勸范氏等人明哲保身，勿再爭諫。范仲淹則以同題之賦回覆，其中有言：

> 天聽甚邇，人言曷病？被希聲之鳳凰，亦見譏於楚狂。彼不世之麒麟，亦見傷於魯人。鳳豈以譏而不靈，麟豈以傷而不仁？故割而可卷，孰謂神兵；焚而可變，孰為英瓊？寧鳴而死，不默而生！[235]

其實在當政之前，范仲淹〈上執政書〉已經提出了「固邦本，厚民力，重名器，備戎狄，杜奸雄，明國聽」等革新綱領，略具「慶曆新政」雛形。亦且自述「行求無愧於聖賢，學行有濟於天下」，主張學術鼎革，「返古開新」，遂開風氣之先。尤其是他「寧鳴而死，不默而生」的大膽倡導，上秉孔、孟「士不可以不弘毅」及「善養吾浩然之氣」，下啟宋代新一輪的「處士橫議」，「開口攬時事，論議爭煌煌」的風尚，實為「慶曆新風」，與有宋一代文士風氣的轉移關係甚大。[236]朱熹曾一再說：「至范文正方厲廉恥，振作士氣」，「至范文正時便大

235　四庫本《范文正公集》卷一〈古賦〉。

236　范賦結末兩語尤為新警，故王應麟《困學紀聞》卷十七言：「范文正〈靈烏賦〉曰：『寧鳴而死，不默而生。』其言可以立懦。」配合宋代相對寬鬆的養士環境，故宋人勇於建言，每以人格清高獨立傲世，士風亦為之一變。千載之後，胡適猶以為范仲淹此語，比西人帕特里克・亨利（Patrick Henry, 1736～1799）「不自由，毋寧死」的著名口號領先了740年。

屬名節，振作士氣」，「本朝唯范文正公振作士大夫之功為多」。[237] 可見他對理學的影響深遠，並成為榜樣。《斯文：唐宋思想轉型》亦以大量篇幅縷述了「范仲淹和古文在政治與『學』中的興起」，以及歐陽脩、蘇軾之「學」的意義，指出：

范仲淹的崛起，象徵著一個自覺的政治反對黨的出現，這個反對黨擁有主張鮮明的政策；它還促成了一個與政治權威機構相抗衡的知識界（intellectual world）。慶曆新政的政治內容已廣為人知，但對范仲淹如何採納「覆文章」這種說法還研究甚少。這種說法可以在李華和獨孤及的作品中見到，最終在韓愈的〈原道〉中成為古文的思想和政治理想。[238]

緊接著包弼德分出了〈思想家，其次是作家：11世紀中期的思想潮流〉一章（筆者按：我猜想他說的「思想家」包括經學和史學，「作家」則是指館閣詞臣），試圖釐清慶曆——元祐代表人物與熙寧領袖王安石各自的問題。研究者多惑於他們都是「唐宋八大家」，卻沒有辨析其中實已橫亙著經、史之學的巨大鴻溝，是一憾焉。《宋稗類鈔》是康熙時人潘永因用「世說體」集錄的宋人筆記，其中卷之五「博識」類有幾條涉及劉敞（原父）的材料，頗可見出當時「經」「史」兩學之別：

慶曆後，歐陽文忠以文章擅天下，世莫敢有抗衡者。劉原父雖出其後，以博學通經自許，文忠亦以是推之。作《五代史》、《新唐書》凡例，多問《春秋》於原父。及書梁入閣事之類，原父即為剖析，辭辨風生。文忠論《春秋》，多取平易，而原父每深言經旨。文忠有不同，原父間以謔語酬之，文忠久或不能平。

237 《朱子語類》卷一二九。
238 《斯文：唐宋思想轉型》，第174頁。

　　劉原父在詞掖，歐陽文忠公嘗折簡問：「入閣起於何年，閣是何殿？開延英起何年？五日一起居，遂廢正衙不坐起，何年？三者孤陋所不詳，乞示本末。」原父方與客對食，曰：「明當為答。」已而復追回，令立俟報。原父就坐中疏入閣事，詳盡無遺。原父私謂所親曰：「好個歐九！極有文章，可惜不甚讀書。」東坡後聞此言，笑曰：「軾輩將如之何！」

　　《國史》云：「慶曆以前學者尚文辭，多守章句注疏之學。至劉原父為《七經小傳》，始異諸儒之說。王荊公修經義，蓋本於原父云。」英宗嘗語及原父，韓魏公對以「有文學」。歐陽文忠公曰：「劉敞文章未甚佳，博學可稱也。」[239]

　　大致上來說，同樣出於力圖革除時弊、振刷積弱的動機，「慶曆新政」及其追隨者「元祐舊黨」的代表人物，致力的是「文史之學」，即沿襲中唐「古文運動」之風尚，注重以史為鑑，提倡漸進式改革，善於著文宣傳見解，風行天下。故「八大家」之宋人文章，多出於慶曆——元祐之間。而「熙寧變法」中王安石則另闢蹊徑，以「經術之學」託古改制，主張激進，特別強調用自撰之《五經新義》顛覆舊學，著重統一考生思想。其於經學中獨黜《春秋》，絕非偶然。正緣「文」「學」有別，故治經學者每有譏諷「好個歐九，可惜不甚讀書」或「歐九不學」的說法。[240] 理學派人士受到王學刺激，紛紛發覆經學，號為「眾經之首」的《易》遂成為熱門話題。不僅周敦頤、張載、程頤、邵雍以此名家，一時風尚影響南宋。連南宋人編的《歐陽脩集》中，也特地輯入《童子易》三卷，蘇軾更另外著有《易學》專論。後期理學則合

239　分別載《宋稗類鈔》第392頁，第376頁。
240　胡仔《苕溪漁隱叢話》也有王安石「是定不知《楚辭》『夕餐秋菊之落英』，歐九不學之過也」的軼話，後嫁名於蘇軾，為話本〈王安石三難蘇學士〉襲用。

兩家之兩長，直至以「六經皆史」概括言之，[241] 才從儒學內部平息了這場紛爭。

儘管王安石本人詩文俱佳，但是熙寧之學卻竭力排斥詩文，據載：

政和中，大臣有不能詩者，因進言詩為元祐學術，不可行。時李彥章為中丞，承望風旨，遂上章論淵明、李、杜而下皆貶之，因詆黃、張、晁、秦等，請為科禁。何清源至修入令式，諸士庶習詩賦者，杖一百。[242]

趙挺之亦視蘇軾之文采飛揚為「縱橫揣摩之說」。「古文運動」的勢力受到遏制，士子學風文氣亦為之一變。政壇上活躍的已非詞臣，而是自謂「經術之臣」，故宋代「六大家」風流不再，詩文專美亦僅此數人。

「慶曆新政」的直接影響，是開啟了北宋「黨爭」，間接影響則啟發了「熙寧變法」，儘管兩者具體主張並不完全相同。「熙寧變法」主張「因天下之力，以生天下之財；取天下之財，以供天下之費」，涉及財政經濟的制度性及行政層面的若干問題，比較容易納入近世西方學術體系。尤其自「戊戌變法」託古改制的前後，梁啟超以《王安石傳》鼓吹「變法圖強」，又成為清末「新學」中搶眼的亮點。[243] 復因據說列寧曾經稱讚王為「十一世紀的改革家」而使其成為顯學。[244] 而「慶曆新

241　這個提法經歷過一個漫長過程。胡三省提出「經史並重」，郝經、劉因則以為「古無經史之分」，王陽明言「五經亦史」，李贄認為「經史相為表裡」，最後章學誠通貫前說，在《文史通義·易教上》明確總結為：「六經皆史也。古人不著書，古人未嘗離事而言理，六經皆先王之政典也。」

242　《宋稗類鈔》，第 422 頁。

243　啟超曾著《王安石傳》，把王作為居安思危、變法圖強的代表，多少有一點自況的意思在內。他在〈敘論〉中言：「嗚呼，仁宗之世，號稱有宋全盛時代，舉國歡虞如也，而荊公憂危之深，至少如此（指給仁宗的上書）。嗚呼，靖康之禍，公先見之矣！」又言「荊公於數千年文學史中，固已占最高的位置矣！」鑑於時代背景和梁氏鼓動特色，故評論未必全面公允。該書有海南出版社 1993 年重印本，可以參看。

244　1999 年 3 月 24 日《中華讀書報》刊載邵純〈鄧廣銘改書名為哪般〉的短文，對這個習慣性誤說進行了糾正：「1906 年俄共內部討論工人政黨的土地綱領問題，普列漢諾夫曾在《社會民主黨人日誌》第 5 期上發表言論，警告俄國工人政黨在土地問題上『不要重蹈王安石的覆

政」由於推行期短，其提倡道德教化的意義卻沒有引起應有的重視。王
安石被明人茅坤列入「唐宋八大家」之一，是由於他的古文確實符合
「文以載道」的規範，且在經學上有獨特造詣。但是與同時諸公追祭歐
陽脩的一批文章相較，他談論人品道德的內容獨少，倒是一個可資比較
的切入點。[245]

　　「熙寧新法」的是非功過已經爭論了一千年，恐怕還會繼續爭論下
去。尤其是在經濟主張和制度層面上，也只有專家才有資格進行更加深
入的討論。但「熙寧新法」的主要政策在北宋實行過兩次，為何都以
失敗為結束，議論至今不一。奇怪的是，慶曆年間的內憂外患本是觸
發「新政」變革的直接動力，批評時弊之聲開始轟然而起，並進行武備
整飭，穩定了西北防務。但由徽宗「紹述新法」引發的亡國危機，卻被
一片「豐亨豫大」、「宣政盛世」的歌功頌德所淹沒，以致兵臨城下，
束手無策。除了其他因素之外，我以為「熙寧新法」導致的價值體系紊

轍』。列寧在〈修改工人政黨的土地綱領〉一文中，含蓄地批評了普列漢諾夫的觀點。因為
含蓄，此文的後面加了一條注釋，這條注釋的一個括號中寫道：『王安石是中國十一世紀時
的改革家，實行土地國有未遂。』（《列寧全集》第十卷第 152 頁）。又按，《列寧全集》
中譯本第二版此處注為「普列漢諾夫同志在《日誌》第 5 期中警告俄國不要重蹈王安石的覆
轍，[王安石是中國十一世紀時的改革家，實行土地國有未成]。」（第十二卷，226 頁）又
在 414 頁詳注普列漢諾夫是「從法國無政府主義者埃‧雷克呂的地理著作中摘引關於王安石
的材料」的，而雷克呂認為王安石的土地國有化「保持了自己的國家共產主義制度達 15 年
之久」。可知這種說法實出於編輯注言，而非列寧原話。考據向有「孤證不立」之說，不料
此「誤會」竟使王安石在馬克思主義史學研究中被列入神龕。復緣「變法」主題詞深合清末
及今日社會，遂長期占據了宋史研究之正面顯著位置，卻鮮有深入研究。小錯足以誤學，於
此可發一嘆。

245 歐陽脩全集》附錄卷一載有歐死後王安石、曾鞏、范鎮、蘇軾、蘇轍的祭文，吳充的「行
狀」，李清臣的「諡議」、卷二有韓琦撰、宋敏求書〈墓誌銘〉，蘇轍〈神道碑〉，卷三載
墨本〈神宗實錄本傳〉、葉濤朱本〈重修實錄本傳〉，卷四載〈神宗舊史本傳〉，都是早
於《宋史‧歐陽脩傳》的文本。為後世提供了同一時代的多個觀點，以及不同時代對同一事
物不同表述的範本。又王安石摯友王回（字深父，卒於治平二年）曾寫〈告友〉（載《宋文
鑑》卷一百二十七及《宋史》本傳）特別強調人倫道德問題，不知此「友」是否介甫。其弟
王向亦有嘲謔文〈公默先生傳〉，描述「公議先生」受到學生質詢背叛，而變為「公默」之
經過，頗似影射安石。亦載《宋文鑑》及《宋史》本傳。《歐陽脩全集‧祭王深父文》稱讚
他「利害不動其心，富貴不更其守，處於眾而不隨，臨於得而不苟。」（第 510 頁）這與王
安石只敘友情的祭文（載《宋文鑑》第 1879 頁）側重點顯然不同。

亂，亦是重要原因之一。這裡不妨從王安石有關「忠節」的兩段議論說起。請注意，這不是討論王安石個人的「道德」，儘管這在歷史上也曾經引起過爭議。[246] 不妨以「慶曆新政」集團，與「熙寧變法」集團圍繞三個問題的爭論，來看他們各自在價值觀上的差別。

第一個是王安石〈明妃曲〉。還在登臺拜相之前，王安石關於王昭君的「和蕃」詩就成為爭訟之作。此詩作於宋仁宗嘉祐四年（西元一〇五九年），題為〈明妃曲〉。詩曰：

其一：

明妃初出漢宮時，淚濕春風鬢腳垂。
低徊顧影無顏色，尚得君王不自持。
歸來卻怪丹青手，入眼平生幾曾有；
意態由來畫不成，當時枉殺毛延壽。
一去心知更不歸，可憐著盡漢宮衣；
寄聲欲問塞南事，只有年年鴻雁飛。
家人萬里傳消息，好在氈城莫相憶；
君不見
咫尺長門閉阿嬌，人生失意無南北。

其二：

明妃初嫁與胡兒，氈車百輛皆胡姬。
含情欲語獨無處，傳與琵琶心自知。
黃金桿撥春風手，彈看飛鴻勸胡酒。

246　王安石私德清廉，為當世公認。但傳為蘇洵所著《辨奸論》即直斥王安石人品「奸偽」，先後輯入《皇宋文鑑》和《古文觀止》。學界亦有以此為邵伯溫偽作者，可參清人蔡上翔《王荊公年譜考略》及今人鄧廣銘〈《辨奸論》真偽問題的重提與再判〉（輯入《鄧廣銘治史叢稿》）。錢鍾書則以為非偽，參《談藝錄》增訂本第 402 頁。枝蔓不論。

漢宮侍女暗垂淚，沙上行人卻回首。

漢恩自淺胡恩深，人生樂在相知心。

可憐青塚已蕪沒，尚有哀弦留至今。

前人爭論王安石的〈明妃曲〉，似乎忽略了一個前因，這就是宋廷在慶曆年間已經遭遇過「和親」問題，事見《宋史‧富弼傳》及《續資治通鑑‧慶曆二年》等。大概經過是西夏既叛，宋軍覆敗，不得不全力治理西北諸州。當時朝臣最擔心的就是宿敵契丹與西夏聯手，也果然傳來了「遼主謀親帥師南伐，意未決」的消息。不久，遼國「遣南院宣徽使蕭特默、翰林學士劉六符來，使取晉陽及瓦橋以南十縣地，且問興師伐夏及沿邊疏濬水澤、增益兵戍之故」。這是宋遼關係自「澶淵之盟」以來的最大衝突。

一陣寒風瑟瑟吹透了宋廷，「帝為之旰食，歷選可使遼者，群臣皆憚行。」呂夷簡舉薦富弼接待遼使，而歐陽脩則生怕他挾嫌報復，「引顏真卿使李希烈事，乞留弼。不報。」可見事態之嚴重。富弼以「主憂臣辱，臣不敢愛其死」為由臨危受命。遼使至後，主張「和親」的呼聲一時甚高：「廷議不許割地，而許以信安僖簡王允寧女與遼之皇子梁王洪基結婚，或增歲賂。獨弼以結婚為不可。」此事反反覆覆爭議了幾個月，富弼又親往遼京說項，「以結婚及增歲幣二事往報遼人，唯所擇。」但卻對「和親」一事百般塞責，並列舉了種種理由加以阻止，如「結婚易生釁，況夫婦情好難必，人命修短或異，不若增金帛之便也」；如「帝女才四歲，成婚須在十餘年後。今欲釋目前之疑，豈可待哉」；如「南朝嫁公主故事，資送不過十萬緡耳」……種種理由予以推託。「由是遼人結婚之意緩」。「遼主曰：『姻事使南朝骨肉睽離，或公主與梁王不相悅，固不若歲增金帛。』」富弼最後慷慨建議：「議婚則無金帛。

若遼人能令夏國復納款，則歲增金帛二十萬，不則十萬。」儼如老婦逛菜市場般用盡心機，討價還價，才結束了這場危機。這是為存朝廷體面做出的重要外交折衝，也是促使富弼等人形成「慶曆集團」，提出「慶曆新政」施政綱領以發奮圖強的直接原因之一。[247]

這件驚擾舉朝數月之久的大事，正發生在王安石進士及第之年，他不可能毫無耳聞。況且寫作〈明妃曲〉的前一年，王安石已經在〈上仁宗皇帝言事書〉的萬餘言中提出了自己的「變法」綱領，以為當時形勢之嚴重，已到「顧內則不能無以社稷為憂，外則不能無懼於夷狄，天下之財力日以困窮，而風俗日以衰壞，四方有志之士，諰諰然常恐天下之久不安」。儼然以改革家的身分介入當時政局，且與周敦頤「語連日夜」，「退而精思」，號為「通儒」。[248] 以如此地位和視野，何以突兀寫出這樣以極富個人遭際之「私恩」，代替民族大節之「公忠」的句子呢？史無明載，是一疑問。

這時王安石與「慶曆新政」集團還算情投意合，故歐陽脩、劉敞、司馬光都有和詩，表達的意見雖不同但也還算平和。[249] 但自南渡之後，

---

247 晚唐已檢討過「和親」政策。范攄《雲溪友議》言：「（唐）憲宗時，北虜數寇邊，大臣議：和親有五利，而無千金之費。憲宗曰：『比聞一士人，能為詩，而姓字稍僻，其詩曰：山上青松陌上塵，雲泥豈合得相親？舉世盡嫌良馬瘦，唯君不棄臥龍貧。千金未必能移姓，一諾從來許殺身。莫道書生無感慨，寸心還是報恩人。』侍臣曰：『此戎昱詩也。京兆李鑾欲以女妻之，令改姓，昱辭焉。』憲宗悅。曰：『又記得〈詠史〉詩云：漢家青史上，計拙是和親。社稷依明主，安危托婦人。若能將玉貌，便欲靜胡塵。地下千年骨，誰為輔佐臣？』憲宗笑曰：『魏絳，何其懦也！此人若在，可與鼎州、武陵桃源，足稱其吟詠。士林榮之。』又蘇郁有詩云：『關月夜懸青塚鑑，塞雲愁薄漢煙羅。君王莫信和親策，生得胡雛虜更多。』」以此觀之，富弼相反是「寧願黃金之費，亦不願和親」。事實上唐代以後，漢族政權即無以「和親」羈縻少數民族的事例，清代滿族皇室與蒙古貴族世代通婚不在此例。宮崎市定也注意到「宋代以後，再沒有見到和親的事例」。他以為這是「彼此有強烈的自覺和意識的國民主義（nationalism）相互對立」的結果。（〈東洋的近世〉，《日本學者研究中國史論著選譯》第一卷，第159～160頁）
248 參山陽度正《周濂溪年譜·嘉祐五年庚子》。轉引自《王荊公年譜略考》第136頁。
249 歐陽脩〈明妃曲和王介甫作〉及〈再和明妃曲〉都委婉表達了不同意見，可參《居士集》卷八。又有〈明妃小引〉為不和之和，云：「漢宮諸女嚴妝羅，共送明妃溝水頭。溝上水聲來不斷，花隨水去不回流。上馬即知無返日，不須出塞始堪愁。」不同意見表述得更加淺顯。

民族衝突激化，彼此間的批判陡然升溫。李璧《王荊公詩注》曾言：

范沖[250]對高宗嘗云：「臣嘗於言語文字之間，得安石之心，然不敢與人言。詩人多作〈明妃曲〉，以失身胡虜為無窮之恨，讀之者至於悲愴感傷。安石為〈明妃曲〉，則曰『漢恩日淺胡恩深，人生樂在相知心』。然則劉豫不是罪過，『漢恩日淺虜恩深』也。今之背君父之恩，投拜而為盜賊者，皆合安石之意。此所謂壞天下人心術。孟子曰：『無父無君，是禽獸也。』以胡虜有恩而遂忘君父，非禽獸而何？」公語固非，然詩人務一時為新奇，求出前人所未道，而不知其言之失也。── 然范公傳致亦深矣。[251]

趙與時《賓退錄》亦曰：

臨江徐思叔（得之）亦嘗病荊公此語，謂有衛律、李陵之風，乃反其意而為之，遂得詩名於時。其詞云：「妾生豈願為胡婦？失信寧當累明主！已傷畫史忍欺君，莫使君王更欺虜。琵琶卻解將心語，一曲才終恨何數！朦朧胡霧染宮花，淚眼橫波時自雨。專房莫倚黃金賂，多少專房棄如土！寧從別去得深嚬，一步思君一回顧。胡山不隔思歸路，只把琵琶寫辛苦。君不見，有言不食古高辛，生女無嫌嫁盤瓠！」[252]

事實上歐陽脩在嘉祐五年（1060）完成的《新唐書》，已描敘到中唐與回紇「和親」時的尷尬，參本文第二節注文。

250　范沖字符長。父祖禹（1041～1098），嘉祐八年（1063）進士，為司馬光撰述《資治通鑑》之主要助手之一。元祐中嘗修《神宗實錄》，盡書王安石之過，以明神宗之聖。其後安石婿蔡卞惡之，祖禹坐謫，死嶺表。紹興中亟詔重修神、哲兩朝《實錄》，召沖為宗正少卿兼直史館，上謂之曰：「兩朝大典，皆為奸臣所壞，故以屬卿。」沖因論熙寧創置，元祐復古，紹聖以降，弛張不一，本末先後，各有所因。又極言王安石變法度之非，蔡京誤國之罪。上嘉納之。性好義樂善，司馬光家屬皆依沖所，沖撫育之。《宋史》有傳。

251　轉引自蔡上翔《王荊公年譜考略》，上海人民出版社1973年校點本，第123頁。按蔡氏此著斤斤然為王安石洗刷惡名，著重批判了范沖父子利用史官地位修怨「詆毀」之情事，稱讚陸佃能做持平之論。其實陸佃之孫陸游〈估客有自蔡州來者，感帳彌日〉二絕之一，亦道：「百戰元和出蔡州，如今胡馬飲淮流。和親自古無長策，誰與朝家共此憂！」

252　《賓退錄》卷二，第15頁（上海古籍出版社1983年版）。南宋對於「和親」更加反感，是與「靖康之恥」中兩宮婦女北掠的悲慘境遇直接有關的。金人《靖康稗史·南征錄匯》記述

漢代的「明妃和親」關係到文化和習俗的雙重優越感，也成為千載文人詩畫之主題。雖然各逞新意，但頗能窺見時代演變的若干痕跡，枝蔓不談。身處滿漢融合高峰之乾隆時代的理學史家趙翼，在他的《甌北詩話》中亦曾評論過歷代〈明妃〉詩，也對王安石此句作出了十分嚴厲的批評，以為「悖理之甚」：

推此類也，不見用於本朝，便可遠投外國？曾自命為大臣者，能出此語乎？[253]

第二個是如何評論馮道。這個問題並非孤例。鑑於北宋政權是承襲五代「禪讓」而來，開國大臣多仍其舊，故馮道作為五代權臣的代表，具有一定的象徵意義。有記載說，富弼曾以馮為「孟子之所謂大人」，應當結合了自己使北經歷中周旋之難的親身體會。[254] 釋文瑩《湘山野錄》卷上言：

提出「原定犒軍費金一百萬錠、銀五百萬，須於十日內輪解無闕。如不敷數，以帝姬、王妃一人準金一千錠，宗姬一人準金五百錠，族姬一人準金二百錠，宗婦一人準銀五百錠，族婦一人準銀二百錠，貴戚女一人準銀一百錠，任聽帥府選擇。」赤裸裸地要求用皇室婦女滿足淫欲。《青宮譯語》記載完顏宗望要宋徽宗將女兒富金帝姬給自己的兒子設也馬，宋徽宗以已嫁為蔡京兒媳，不能不顧廉恥，再嫁二夫為由拒絕。並抗顏申辯：「上有天，下有帝，人各有女媳。」被喝斥出去。途中即以富金帝姬伴宿，回到上京之後，金太宗詔許：「賜帝姬趙富金、王妃徐聖英、宮嬪楊調兒、陳文婉侍設也馬郎君為妾。」這也是理學深以為恥，並強調「餓死事小，失節事大」，以閨德為夷夏之大防的原因之一。筆者曾有〈續論「他媽的」〉（載河北美術出版社 2001 年《閒磕兒》第 1 期）摭拾魯迅話題，探及此節，指出此語並非出自南北朝，而實出於兩宋。有興趣者可以參看。

253　《甌北詩話》卷十一〈王荊公詩〉。趙翼此篇及《王荊公年譜考略》卷七主要展示了歷史上關於此詩以及「和親」問題的後續爭論。又清代皇室與蒙古王公通婚已成慣例，故袁枚〈明妃曲〉云：「明駝一曲角數聲，漢家宮女昭君行。六宮送別淚如雨，怨為民間小兒女。昭君上馬鞍，手取琵琶彈。生來絕色原難畫，影落黃河自愛看。詔書殷勤選容質，傳到龍庭轉幽咽。侍女濃熏甲帳香，傾城遠掃天山雪。橫波滿面向名王，手拂穹廬作洞房。生長內家風味慣，酒酣時作漢宮裝。從今甥舅息干戈，塞上呼韓日請和。寄言侍寢昭陽者，同報君恩若個多？」雖不寫昭君自請出塞，但褒頌其勝任愉快，且和親之功遠勝漢室昭陽嬪妃娛上之樂，實已開曹禺劇作《王昭君》之先河。

254　《宋稗類鈔》，第 402 頁。

熙寧而來，大臣盡學術該貫，人主明傳。議政罷，每留之詢講道義，日論及近代名臣始終大節。時宰相有舉馮道者，蓋言歷事四朝，不渝其守。參政唐公介曰：「競慎自全，道則有之。然歷君雖多，不聞以大忠致君，亦未可謂之完。」宰相曰：「借如伊尹，三就桀而三就湯，非歷君之多者乎？」唐公曰：「有伊尹之心則可。況擬人必於其倫，以馮道竊比伊尹，則臣所未喻也。」率然進說，吐辭為經，美哉！[255]

這也許說明，自唐以來困擾已久的「人臣氣節」效忠問題，儘管還只是私下議論，但總算成為君主朝臣公開討論的話題，只是稱讚馮道的「宰相」究為何人，此文語焉不詳。倒是另外的記述彌補了這個缺憾。魏泰為王安石親信曾布之姻戚，與王氏父子也有交遊。他在《東軒筆錄》中明確點出，此「宰相」就是王安石，且言「荊公雅愛馮道，謂其能屈身以安人，如諸佛菩薩之行。」同時也不諱言，在唐介駁斥之後，「荊公為之變色，其議論不合，多至相侵。」[256]

請注意上文所說的「歷事四朝」，並非父子相傳同一朝代之四紀，而是政權易代，不同姓氏之四「朝」，猶若宋、元、明、清。所謂「歷君」之多，猶經歷鼎革易代之多。如果屬實，則王安石視朝廷變易有若美國總統之換屆，而國務卿則始終如一。即使以今日西方政黨輪換之現代政治制度而論，恐怕也是難以實現的。以此觀之，王氏觀念之「進步」，頗有驚世駭俗之意味，不可不辨。

按馮道字可道，瀛州景城人。「少以孝謹知名，唐莊宗世始貴顯，

255　中華書局 1984 年版。與此相關的還有如何看待揚雄忠節的問題。王安石曾以揚雄自況，施德操《北窗炙輠錄》言：「荊公論揚雄投閣事：『此史臣之妄耳！豈有揚子雲而投閣者？又〈劇秦美新〉亦後人誣子雲耳，子雲豈肯作此文？』他日見東坡，遂論及此。東坡云：『某亦疑一事。』介甫曰：『疑何事？』東坡曰：『西漢果有揚子雲否？』聞者皆大笑。」如是則王安石的「忠節」觀念更成問題。據《漢書》本傳，揚雄曾受新莽偽職，並上〈劇秦美新〉以諛王莽，後因此置獄，「乃從閣上自投下，幾死。」
256　《東軒筆錄》，中華書局校點本。

自是累朝不離將相、三公、三師之位，為人清儉寬宏，人莫測其喜慍，
滑稽多智，浮沉取容，嘗著〈長樂老敘〉，自述累朝榮遇之狀，時人往
往以德量推之。」[257] 也就是說，馮道經歷了五代絕大多數的政權更替，
卻一直位居三公，歷任顯宦，且以個人品格的「清簡寬宏」誇示於人。
嘗作詩自負云：

> 莫為危時便愴神，前程往往有期因。
> 須知海岳歸明主，未必乾坤陷吉人。
> 道德幾時曾去世，舟車何處不通津。
> 但教方寸無諸惡，狼虎叢中也立身。[258]

其實在王安石讚頌馮道之前，在《新五代史·馮道傳》的「論贊」
中，歐陽脩已形同戟指，早就痛罵過這位「長樂老人」了：

> 「禮義廉恥，國之四維。四維不張，國乃滅亡。」禮義，治人之大
> 法；廉恥，立人之大節。況為大臣而無廉恥，天下其有不亂，國家其有
> 不亡者乎！予讀馮道〈長樂老敘〉，見其自述以為榮，其可謂無廉恥者
> 矣，則天下國家可從而知也。予於五代得全節之士三，死事之臣十有五，
> 皆武夫戰卒，豈於儒者果無其人哉？得非高節之士，惡時之亂，薄其世
> 而不肯出歟？抑君天下者不足顧，而莫能致之歟？[259]

---

257 《資治通鑑》卷二百九十一〈後周紀二〉。
258 〈偶作〉，載吳處厚《青箱雜記》卷二「馮瀛王道詩雖淺近而多諳理」條。
259 作為歐陽脩的私人撰述，《新五代史》約於景祐三年至皇祐五年（1036～1053）撰成，而唐
介實卒於熙寧二年（1069）。《宋史·唐介傳》言，唐介在朝「數與安石爭論。安石強辯，
而帝主其說。介不勝憤，疽發於背，薨，年六十。」諡曰「質肅」。其孫唐恕、唐意，崇寧
中亦因不同意蔡京「新法」辭職歸田，杜門躬耕。靖康元年唐恕獲詔起為監察御史，唐意
亦蒙「召對，而貧不能行，竟餓死江陵山中」。又陸游之祖陸佃為荊公及門弟子，後被列
入「元祐黨人碑」，生母則為唐介孫女，著名的〈釵頭鳳〉詞亦為唐氏曾孫女唐婉而作。他
在《家世舊聞下》中屢以唐介之「忠言直節，備載國史」自豪，卻沒有誇讚其祖父之師王安
石，可知南宋士人傾向。

171

司馬光《資治通鑑》在引述歐氏之語後，復加長篇案語，從道德指向方面對馮道指斥得愈加酣暢淋漓：

> 天地設位，聖人則之，以制禮立法，內有夫婦，外有君臣。婦之從夫，終身不改；臣之事君，有死無貳。此人道之大倫也。苟或廢之，亂莫大焉！范質稱馮道「厚德稽古，宏才偉量，雖朝代遷貿，人無間言，屹若巨山，不可轉也」。臣愚以為正女不從二夫，忠臣不事二君。為女不正，雖復華色之美，織紝之巧，不足賢矣；為臣不忠，雖復才智之多，治行之優，不足貴矣。何則？大節已虧故也。道之為相，歷五朝、八姓，若逆旅之視過客，朝為仇敵，暮為君臣，易面變辭，曾無愧怍，大節如此，雖有小善，庸足稱乎！或以為自唐室之亡，群雄力爭，帝王興廢，遠者十餘年，近者四三年，雖有忠智，將若之何！當是之時，失臣節者非道一人，豈得獨罪道哉！臣愚以為忠臣憂公如家，見危致命，君有過則強諫力爭，國敗亡則竭節致死。智士邦有道則見，邦無道則隱，或滅跡山林，或優游下僚。今道尊寵則冠三師，權任則首諸相，國存則依違拱嘿，竊位素餐；國亡則圖全苟免，迎謁勸進。君則興亡接踵，道則富貴自如，茲乃奸臣之尤，安得與他人為比哉！或謂道能全身遠害於亂世，斯亦賢已。臣謂君子有殺身成仁，無求生害仁，豈專以全身遠害為賢哉！然則盜跖病終而子路醢，果誰賢乎？抑此非特道之愆也，時君亦有責焉，何則？不正之女，中士羞以為家；不忠之人，中君羞以為臣。彼相前朝，語其忠則反君事仇，語其智則社稷為墟。後來之君，不誅不棄，乃復用以為相，彼又安肯盡忠於我而能獲其用乎！故曰：非特道之愆，亦時君之責也！[260]

260　《資治通鑑》卷二百九十一〈後周紀二〉。按《通鑑》完成於元豐七年（1084），即王安石卒前兩年。此段慷慨激昂，亦有深意在焉。又宋人馬永卿《懶真子錄》：「同州澄城縣有九龍廟，然止一妃耳。土人云：『馮瀛王之女也。』夏縣司馬才仲題曰：『身既事十二，女亦妃九龍。』過客讀之，無不一笑。才仲，名槱，溫公姪孫，豪傑之士也。」見《宋人小說類編》

這個問題延及南宋，矛頭已直斥王安石變亂價值體系之非。據《宋史·陳公輔傳》記述，在經歷了「靖康之恥」張邦昌偽楚、劉豫偽齊，金人南下，兵荒馬亂之後，陳於紹興六年（西元一一三六年）受召為吏部員外郎，舊事重提：

今日之禍，實由公卿大夫無氣節忠義，不能維持天下國家，平時既無忠言直道，緩急詎肯伏節死義，豈非王安石學術壞之邪？……王莽之篡，揚雄不能死，又仕之，更為〈劇秦美新〉之文。安石乃曰：「雄之仕，合於孔子無可無不可之義。」五季之亂，馮道事四姓八君，安石乃曰：「道在五代時最善，避難以存身。」使公卿大夫皆師安石之言，宜其無氣節忠義也。

正是「靖康之亂」的無情事實，使「氣節忠義」問題不能光停留在談佛論道的學理之辯，轉變為「當下關懷」的現實焦慮。馮道的「但教方寸無諸惡，狼虎叢中也立身」已非關個人修養，而是民族大義問題。而後，相似的問題還出現過多次，比如明末錢謙益的「投誠」，比如現代周作人的「陷敵」。如果說唐人還曾對「安史之亂」中因「陷賊」而接收偽職的諸臣評價不一的話，後世則已形成全民共識，尤其以近世抗日戰爭時期為最，後話不提。

錢鍾書曾以馮道〈自敘〉為「喪亂頻經而身名俱泰，坦然自張得意，椎直少文」之作。[261] 海外華人史學家王賡武近年著有〈馮道——論儒家的忠君思想〉一文，首先指出：

本，《宋稗類鈔·詼諧》亦載。也是對「正女不從二夫，忠臣不事二君」說的民間話語表述。

261　錢氏意見載《管錐編》第四冊，中華書局版，第 1545 頁。

　　18 世紀的時候，《續通志》的編者們把失節的文武官吏分為十類。在為最壞的分子所保留的一個項目下只有兩個人：武將侯益（西元八八六年至九六五年）和文臣馮道。二者都是五代時期（西元九〇七年至九六〇年）的人物，都被指責為「慢大倫且不知恥」。[262]

　　這就是後世理學的「誅心」之論。在屢述兩宋及後世圍繞馮道的騰議的同時，王賡武也盡量客觀地分析了馮道的儒家志業和儒者生活，結論則是：

　　馮道不可能預見一種更為高尚的儒家思想會在他死去一百年後發展生衍。他也不知道他是活在一個過渡時代，而社會、政治及哲學價值上的重要變遷即將發生。[263]

　　圍繞王安石對於馮道評論的爭議，正是在五代以來價值觀念發生重要變遷的「一百年後」，因而不能視作風雅閒談。王氏熙寧變法之若干核心人物，或許正是於此受到啟發，才持「法度任他變換，好官我自為之」態度的。

　　第三個問題是「尊韓」與「非韓」。以陳寅恪「對歷史抱同情之理解」的角度，重新審視宋人對於馮道的兩種看法，不應迴避五代和宋人在文化認知上的不同。馮道至多減輕外族政權更迭中對於百姓利益的侵害，而歐陽脩等卻志在重建和確立一種影響深遠的價值觀念。陳寅恪指出：

　　唐代之史可分前後兩期。前期結束南北朝相承之舊局面，後期開啟趙宋以降之新局面。關於政治社會經濟者如此，關於文化學術者亦莫不如此。[264]

262　王氏著作原載賴特編《中國歷史人物論集》，臺北正中書局 1973 年版。復輯入《王賡武自選集》，上海教育出版社 2002 年，第 104 頁。

263　同上，第 129 頁。

264　〈論韓愈〉，載《金明館叢稿初編》，上海古籍出版社，1980 年版，第 296 頁。

　　生當否運，士君子何以自處？陳寅恪曾高度肯定了唐宋古文運動與理學「尊王」說的先後承襲關係，認為：

　　蓋古文運動之初起，由於蕭穎士、李華、獨孤及之倡導與梁肅之發揚。此諸公者，皆身經天寶之亂離，而流寓南土，其發思古之情，懷撥亂之旨，乃安史變叛刺激之反應也。唐代當時之人既視安史之變叛為戎狄之亂華，不僅同於地方藩鎮之抗拒中央政府，宜乎尊王必先攘夷之理論，成為古文運動之一要點矣。[265]

　　又言：

　　今所欲論者，即唐代古文運動一事，實由安史之亂及藩鎮割據之局所引起，安史為西胡雜種，藩鎮又是胡族或胡化之漢人，故當時特出之文士自覺或不自覺，其意識中無不具有遠則周之四夷交侵，近則晉之五胡亂華之印象。「尊王攘夷」所以為古文運動中心之思想也。[266]

　　中唐「古文運動」為唐代文學和文化史之重要課題，前賢時彥之論述多矣。[267] 本文雅不欲重開釁端，追摹前說。只想結合本文主旨，從思想史角度略述一二。

　　「古文運動」本質上究竟是一次「文體革命」、「文學革命」，還是一場「思想革命」，或「儒學復興運動」？近世習於分門別類，治文學史者往往不治思想史，議論亦多止於古文散、駢之爭。我們知道，先秦諸子著作均以先秦書寫體的散文出之，且一向為經學典範。唐朝盛行南

265　《元白詩箋證稿》第五章〈新樂府·法曲〉，上海古籍出版社1979年版，第145頁。
266　〈論韓愈〉，同前。
267　南開大學《中國文學史》第十二章〈唐代古文運動和韓柳研究〉著重分析近代各家論說，而於「敝帚」尤其「自珍」，可以參看。又朱國華以「布赫迪厄符號權力的概念，從分析文化資本和社會資本的角度入手，重新討論了中唐古文運動興衰的原因」，跳脫了文學研究的窠臼，唯挪用近代西方理論於此，尚缺乏若干中間論證環節。此外唯以「山東士族集團」立意，忽略了當時中央政權與地方藩鎮之間的矛盾，以及「古文運動」參與者的社會身分。

朝以來《文選學》，但對仗工整的駢文雖稱「錦心繡口，駢四儷六」，無論如何也無法表達明晰深刻的思想見解。所謂「文以載道」之論，實在是出於士子身處變亂，有話要說，「骨鯁在喉，不得不發」之故。無論是針對當時「三教論衡」之不痛不癢的論辯[268]，還是渴望祖述儒家價值理念，返本開新，並以此為中心，重構以「尊王攘夷」為現實關懷的《春秋》大一統格局和相應的價值觀，都需要有某種更加犀利的文風和一大批具有號召力和影響力的人，站在中央政權的立場登高一呼。「古文運動」的支持者和核心人物無不出自中央官吏，原因之一或在於此。如柳冕原為大曆時右補闕、史館修撰；梁肅曾任建中時太子校書郎，權德輿元和年間任同中書門下平章事（宰相），歐陽詹貞元時為國子監四門助教，李觀貞元間為太子校書郎，李翱元和時任國子博士、史館修撰，樊宗師元和間登第為著作佐郎，呂溫貞元時任集賢殿校書郎，更不用提韓愈、柳宗元和劉禹錫了。而「尊韓」正是歐陽脩接續唐古文運動大旨的交點。故蘇軾〈居士集序〉就逕以歐陽脩上儕韓愈：

> 其學推韓愈、孟子以達於孔氏，著禮樂仁義之實以合於大道，其主簡而明，信而通，引物連類，折之於至理，以服人心，故天下翕然師尊之。自歐陽子之存，世之不悅者，嘩而攻之，能折困其身而不能屈其言。士無賢不肖，不謀而同曰：「歐陽子，今之韓愈也。」宋興七十餘年，民不知兵，富而教之，至天聖、景祐極矣，而斯文終有愧於古，士亦因陋守舊，論卑而氣弱。自歐陽子出，天下爭自濯磨，以通經學古為高，以救時行道為賢，以犯顏納說為忠，長育成就，至嘉祐末，號稱多士，

---

268 拙著〈三教論衡與唐代俗講〉曾以《白居易集》中參與三教論衡儀典的文字，論及「中晚唐的三教論衡，往往已流為形式甚至諧謔」的問題時，分析過這一有趣的現象。載《周紹良欣開九秩慶壽文集》，中華書局 1997 年 5 月。

歐陽子之功為多。[269]

可知在歐陽脩的追隨者看來,「尊韓」對於慶曆集團引領天下士風具有的重要意義。蘇軾有意把「多士」時代定格於「熙寧變法」之前,突出了兩種「新政」的不同指向,值得深思。這正是「慶曆新政」與「熙寧變法」的又一過節,史學界似未經道者,故拈出一議,以求教正。

《邵氏聞見後錄》卷十五:

歐陽公平生尊用韓退之,於其學無少異矣。

又葉夢得《避暑錄話》:

王荊公初未識歐文忠公,曾子固力薦之。公願得游其門,而荊公終不肯自通。至和初,為群牧判官,文忠還朝,始見知。遂有「翰林風月三千首,吏部文章二百年」之句。然荊公猶以為非相知也,故酬之曰:「他日儻能窺孟子,終身何敢望韓公。」自期以孟子,處公以韓愈,公亦不以為嫌。

錢鍾書《談藝錄》注意到王氏雖被後人列為「古文八大家」之一,但他與歐陽脩等「慶曆新政」集團還有一個絕大的不同,就是對待韓愈的態度。他以為:

韓昌黎在北宋可謂千秋萬歲,名不寂寞者矣。歐陽永叔尊之為文宗,石徂徠列之於道統,即朱子〈與汪尚書書〉所斥為輕薄浮誕之東坡門下亦知愛敬。子瞻作碑,有「百世師」之論;少游進論,發「集大成」之說……要或就學論,或就藝論,或就人品論,未嘗概奪而不與也。有

---

269 《歐陽脩全集》卷首。又錢鍾書《談藝錄》論及虞伯生〈歲晚偶成〉詩「老子難同非子傳,齊人終因楚人咻」句時,以為上句指《史記·老子韓非列傳》:「北宋以還,尊韓退之為『韓子』,遂稱古所謂『韓子』為『韓非子』。此處恐人誤認退之,割截成『非子』。」(增訂本第408頁)可知韓愈在北宋地位之崇。

之，則自王荊公始矣。[270]

　　錢氏復以大段夾注，詳盡列舉「理學家孫明復始尊昌黎為知道，不雜於異端」，而石介本出孫氏之門，「《徂徠集》中幾無篇不及昌黎」，「且每以昌黎追配孟子，蓋全不以之為文士。皮日休〈請韓文公配饗太學書〉之意，至徂徠而發揮殆盡矣。」確認了王安石與北宋理學先導頗異其趣，並認為這並非偶然：

　　荊公於退之學術文章以及立身行事，皆有貶詞，殆激於歐公、程子輩之尊崇，而故作別調，「拗相公」之本色然歟。朱弁《曲洧舊聞》卷三〈余在太學〉條謂：「歐公及許洛諸先輩，皆不以能古文許介甫」，然則「今生安敢望韓公」，真為負氣語。[271]

　　筆者在〈李晟與「關公斬蚩尤」傳說〉一文中，論及中唐時期忠義觀念的轉變與古文運動的興起，曾以陳寅恪〈論韓愈〉為主，探及「韓愈等人發起的古文運動是以『尊王攘夷』為中心思想，以『修齊治平』為正心大道，以文體革新為闡述武器，並且涉及重立價值體系問題。」以為「唐代古文運動實際上是進行新一輪的價值評估，同時開始了重建華夏道德的學術準備。」故重視宋儒在承襲韓愈問題上的認知差別。[272]

---

[270]　參《談藝錄》第 62 頁。又錢氏以為《王荊公年譜考略》卷五辯「荊公非有意貶退之」時，有意對大量證據「均揜而不舉，意在洗雪荊公，遂曲為之諱，亦異於實事求是者。又杜大珪《琬琰集刪存》卷三保存有宋朝官修編年史實錄之〈王安石傳〉，亦言安石早有盛名，其學以孟軻自許，荀況、韓愈不道也。」（中州古籍出版社，1990 年）其實，以王之獨立特行，「非韓」亦不足怪。只是後世理學興盛之後，他的熱心辯護者們也對此心有所虛，為尊者諱，不敢張揚。

[271]　同上，第 64 頁。錢鍾書以為「俞文豹《吹劍錄》謂『韓文公、王荊公皆好孟子，皆好辯，三人均之好勝』云云，殊有識見。使孟子生於中古，或使當荊公之世，無涑水、旭江輩之非難孟子，恐《七篇》亦將如韓集之遭攻擊耳。」回信手拈出「古來薄韓者多姓王」，從王安石列舉到王闓運，讀來平添興味。又論列王安石詩文其實暗偷韓愈，有「荊公詩語之自昌黎沾丐者，不知凡幾」一段，可參同書第 69～70 頁。

[272]　原載《文學遺產》雜誌 2003 年第 2 期。

重複不贅。

考試與「奔競」

黃仁宇以為：

> 今日九百年後我們從長時間遠距離的姿態讀歷史，已無從確定以上
> 各人的忠邪，同時也無此必要⋯⋯融合中國傳統以粗淺的道德觀念批評
> 歷史人物的辦法，這中間只有至善及極惡。我們如被這些觀念蒙蔽，就
> 容易忽視我們自身讀史之目的之所在。[273]

其實討論「熙寧新法」之黨爭問題時，南宋葉適已發表過許多今日
可稱「酷評」的意見，絕未僅以「粗淺的道德觀念批評歷史人物」。[274]
歷來檢討熙寧變法失敗原因，「用人不當」都被視為主要問題。王夫
之則直截了當地指出：「靖康之禍，則王安石變法以進小人，實為其
本。」[275] 以今世政治學者的眼光而言，菁英政治的貫徹落實，應當不
靠「智商」而端賴「情商」，即施政人員效忠的體系有無保障。應該
說，「熙寧新法」在培養自己的施政團隊上曾經進行過空前重大的努
力。除了接續「慶曆集團」獎勵地方政府興辦學校外，還進行了三項改
革，即：

■ 變革科目，進士科專試服務現實的策論，取消涵育人文的詩賦。並
　且設立「新科明法，試律令、《刑統》大義、斷案，所以待諸科之

---

273 《赫遜河畔談中國歷史・王安石變法》。
274 可參葉適《〈習學記言〉目錄》卷四十七、四十八，中華書局1977年版。其中針對呂祖謙所
　　輯奏議書啟各類文章的觀點發表了全面性的議論。由於宋人對「熙寧變法」的後果有切膚之
　　痛，故對兩派的具體政策議論都有犀利的批評和檢討。此為理學確立正統以前的評議，頗有
　　價值。
275 《宋論》卷九，中華書局1964年校點本，第158頁。

不能業進士者。」[276]

■ 置換教材，確立以王安石的《三經新義》作為基準教材和考試內容；

■ 在太學引入競爭淘汰機制，強化考試，獎優罰劣。熙寧四年（西元一〇七一年）在太學實施三舍法，生員按等差分隸於外舍、內舍、上舍。「各執一經，從所講官受學，月考試其業，優等上之中書。其正、錄、學諭，以上捨生為之，經各二員；學行卓異者，主判、直講復薦之中書，奏除官。」[277] 這種辦法還擴大至在任官員的銓選，「熙寧四年，遂定銓試之制：凡守選者，歲以二月、八月試斷按二，或律令大義五，或議三道，後增試經義。」[278]

值得一提的是，在熙寧科舉改革中，王安石特別重視「一道德」的宗旨，以為：

今人才乏少，且其學術不一，異論紛然，不能一道德故也。

宋神宗亦謂「今談經者人人殊，何以一道德？卿所著經，其以頒行，使學者歸一。」[279] 這裡所談的「一道德」，意在建立以王安石的經學思想和改革政策為中心的價值體系，確保選拔人才的思想統一，最大

276　《宋史·選舉志一》「科目上」。

277　《宋史·選舉志三》「學校上」言：「（熙寧）八年，頒王安石《書》、《詩》、《周禮義》於學官，是名《三經新義》。」據黃宗羲《宋元學案》轉引全祖望《荊公〈周禮新義〉題詞》，宋代「國學頒行之版，為國子司業莆田黃隱所毀，故世間流傳遂少。」又《四庫全書簡明目錄》：「《周禮新義》十六本，附《考工記解》二卷，宋王安石著。原本久佚，今從《永樂大典》錄出，唯闕《地官》、《夏官》。其《考工記解》，則鄭宗顏輯荊公《字說》所補也。」又《宋文鑑》卷六十一有呂陶〈請罷國子司業黃隱職任〉，《長編》卷三九〇有劉摯彈劾黃隱之文，均指責黃隱在元祐更化時不許諸生程試文字從王氏新說，引用者多黜落，對王死舉哀者繩之以法等事，可以參看。影響一代士子之教材，雖盛行於活字印刷術發明之際，卻幾乎損毀不傳。其凝煉的反抗心理，炎涼世態，俱見一斑，可發浩嘆。

278　《宋史·選舉志四》「銓選」。

279　《宋史·選舉志一》「科目上」。

限度為自己的政治利益服務，以保障新法執行。以「政治第一」貫穿整個教育制度，可謂中國教育史上空前而非絕後的措施。

據載，宋神宗於熙寧三年（西元一〇七〇年），「親試進士，始專以策，定著限以千字。舊特奏名人試論一道，至是亦制策焉。」[280] 可謂殊榮。這一期的天子掄才中，出了兩個名著後世的人，這就是福建仙遊人蔡京和他的弟弟蔡卞。蔡卞後來還做了王安石的女婿，當然格外受他賞識。鑑於蔡氏兄弟及其一門眷屬後來在宋徽宗時代以「紹述」熙寧新法為名，重申「政治第一」的選才標準，以至「宣、靖間誤國者，皆進士及第之人」。[281] 直接導致了靖康亡國，此為常識，不談也罷。

由於未能見到熙寧登科錄的完整資料，筆者不能對熙寧改革科舉選士的結果進行統計學意義上的總結，但在一個介紹仙遊籍人士的網頁中找到了一些熙寧進士的蹤影。[282] 他們是：

余授，博學能文，多所著作，歷官校書郎，出為京西提舉。

林豫，字順之。與蘇軾兄弟善，後轍貶，送以詞，有「怒髮衝冠，壯心比石」之語。歷官七郡，皆有遺愛。後坐蘇軾薦入元祐黨籍。[283]

陳次升，字當時，紹興【聖】中為御史。累疏論章惇、蔡京之奸，為下所誣，謫南安軍。徽宗立，召為侍御史，復極論章惇、蔡卞、曾布、蔡京之惡，惇等皆坐竄逐。崇寧初以寶文閣侍制出知穎昌府。錄除名徙建昌，編管循州，皆以論京、卞故，政和初復舊職，卒，有《讜論集》。

陳開，字安明。調密州教授，太守蘇軾深器重之，諸生力留，更七年而後代，密州儒風之盛自此始，後入為太學博士，召對進二答，其一

---

280 《宋史‧選舉志一》「科目上」。
281 李心傳《建炎以來繫年要錄》卷一百二十七。
282 參 http://members.tripodasia.com.cn/websen/people/people-index.htm。
283 《蘇文忠公集》卷六十三《奏議十三首》元祐七年十月有〈乞擢用林豫札子〉。

排新法，其一去小人進君子，言議激動，當國者忌之，出為雄州通判，尋升宗正寺丞卒。

陳覺民，字達野。元祐中歷知漳福建三州，所至有治行，改知泉州，時有司建言欲權六郡，覺民陳五不可，未嘗與朋僚談作詼，官至中奉大夫。

奇怪的是蔡京鄉里的熙寧進士中，竟然有這麼多與蘇軾兄弟相得之人。其他如《宋史》本傳中舉「熙寧進士甲科」的朱服，終亦「坐與蘇軾遊，貶海州團練副使，蘄州安置」。李清照之父李格非亦熙寧進士，「以文章受知於蘇軾」，「紹聖立局編元祐章奏，以為檢討，不就。忤執政意，通判廣信軍。」[284] 而張耒本「蘇門四學士」之一。可見熙寧「一道德」的科舉改革，並未保障培育的政治人才集體效忠，恐怕這才是熙寧新法失敗的深層原因。

明人薛應旂《宋元通鑑》還收錄了這樣一個故事：

（崇寧間）行三舍法於天下。榮州以王庠應詔，庠曰：「昔以母年五十二求侍養，不復願仕。今母年六十乃奉詔，豈本心乎？」時嚴元祐黨禁，庠自陳：「蘇軾、蘇轍、范純仁為知己，呂陶、王吉嘗薦舉，黃庭堅、張舜民、王鞏、任伯雨為交遊，不可入舉求仕，願屏居田里。」朝廷知其不可屈，賜號處士。[285]

竟然處處與元祐黨人攀連，實令蔡京等人難堪。其他出現在《宋史》本傳中信守「熙寧變法」之旨，堅持維護新法利益的只有寥寥數人，如「熙寧進士第一」的徐鐸，就被指責「編類（元祐黨人）事狀，流毒元祐名臣，忠義之士，為之一空，馴致靖康之禍，可勝嘆哉」。鄧

284　《長編》卷四〇二，元祐二年六月戊申條。可參河南大學歷史系主辦《中國宋代歷史研究網站》王曾瑜〈李清照事蹟七題〉（http://go5.163.com/songdynasty/zhuanti/wangzengyu/liqing-zhao.htm）。

285　王庠字周彥，榮州（今四川榮縣）人。閉戶窮經史百家傳注之學，曾受呂陶、蘇軾賞識。

洵武（即安石信用的權臣，信奉「笑罵任君笑罵，好官我自為之」的鄧綰之子）則被評論為「鄧氏自綰以來，世濟其奸，而洵武阿二蔡尤力。京之敗亂天下，禍源自洵武起焉」。《宋史》人物傳的編選標準和評議，其實已部分解釋了理學褒貶的價值取向。

關於當時士人逢迎權貴，以圖左右逢源的情態，趙德麟《侯鯖錄》卷八講過這樣一個故事：

曾譓，孝序之子。元符中上書，論元符之政，論編人邪，為中等；後為二蔡客，上書詆元祐，美崇寧政事，為正論上等；後因陛對作聖語，令進擢；又背京從下，言章及之，遂貶丹陽閒居。嘗送新茶與蔡天啟，天啟於簡後批一詩云：「欲言正焙香全少，便道沙溪味卻嘉。半正半邪誰可會？似君書疏正交加。」[286]

可見士人競以阿諛為升騰法門，奉承即通顯祕要。這裡所說的「中等」、「上等」，則與王安石「考試競爭」之制度設計有關。

南渡之後政綱和學術思想又出現了變易，「新法」文獻也損失殆盡。故太學「三舍」制度的具體情況今人已難窺其全貌。但南宋「永嘉派」著名詩人葉適（西元一一五〇年至一二二三年）的家譜資料中還留存有一些記載。葉適〈致政朝請郎葉公擴志〉言：

公姓葉氏，諱光祖，字顯之。祖公濟，游太學無成，貲衰，去處州龍泉，居於溫，至公定為永嘉人。

現存於溫州市甌海區《永強英橋葉氏宗譜》中葉適次子所撰的〈葉

---

286 《筆記小說大觀》本第四輯第八冊，第 119 頁下。按曾譓為曾公亮姪，晉江（今屬福建泉州市）人，曾知荊南州，子曾楷宣和間登科，著有《類說》。又蔡肇字天啟，潤州丹陽人。初事王安石，見器重。又從蘇軾遊，聲譽益顯。徽宗初入為戶部員外郎，兼編修國史，《宋史》本傳謂當時「言者論其學術反覆」，亦與曾譓相類。

文定公墓碑記〉則言：

> 其先居處州龍泉，徙居溫州。曾祖公濟公，國學上舍生。[287]

　　兩相合觀，則葉適祖父葉公濟熙寧年間曾入太學，且為「上舍生」。雖然不能確定葉公濟從「優等」到「無成」的具體原因，但他在「成則王侯」的功利性考試中遭到無情淘汰，阮囊羞澀，無以為繼，不得不離鄉別井遷徙他處謀生的事實，已可見出單一思想和評價體系中競爭之慘烈。

　　按照熙寧年間的科舉改革方案，太學上舍生成績優良者可以免除解試，直接參加禮部試或免除禮部試直接參加廷試，賜進士及第，可謂「一步登天」。這種功利性極強的思想灌輸和評判標準，最易引起混亂。《宋史‧選舉志三》載：

> 崇寧以來，士子各徇其黨，習經義則詆元祐之非，尚詞賦則誚新經之失，互相排斥，群論紛紛……詔禮部詳議。諫議大夫兼祭酒楊時言：「王安石著為邪說，以塗學者耳目，使蔡京之徒，得以輕費妄用，極侈靡以奉上，幾危社稷。乞奪安石配饗，使邪說不能為學者惑。」……諸生習用王學，聞時之言，群起而詆詈之，時引避不出，齋生始散。詔罷時祭酒。而諫議大夫馮澥、崔鷃等復更相辨論，會國事危，而貢舉不及行矣。

　　可見習學「王學」的三舍士子已成為既得利益集團，至少成為他們收買的對象。這次紛爭，算是為北宋王朝「議論未定，兵已渡河」增添的又一腳注。按楊時為理學著名典故「程門立雪」、「吾道南矣」的主角之一，明成化八年（西元一四七二年）「封將樂伯，從祀孔子廟

287　張義德《葉適評傳》。

庭」。與此可窺南宋理學對於「王學」的立場態度。

王安石不愧古文兼論辯的高手，他在好幾篇文章中談論過自己的人才觀。如在變法之初寫的〈材論〉，言：「人之有材能者，其形何以異於人哉？唯其遇事而事治，劃策而利害得，治國而國安焉。」並駁斥「人才需待教育成就」的說法，以為「因天下法度未立之後，必先索天下之材而用之；如能用天下之材，則所以能復先王之法度，則天下之小事無不如先王時矣，況教育成就人材之大乎？此吾所以獨言求而用之之道者」。自信「天下之廣，人物之眾，而曰果無材者，吾不信也」。實際上是以「先有雞還是先有蛋」的邏輯，否定教育作用。又如〈讀孟嘗君傳〉，以為：「擅齊之強，得一士焉，宜可以南面而制秦，尚何取雞鳴狗盜之力焉？」更視培育眾士不如得一能士。這與他改革科舉的建言相較，不異自摑耳光。司馬光及門弟子劉光世《元城語錄》言：

> 溫公嘗謂金陵曰：「介甫行新法，乃引用一副真小人，或在清要，或監司，何也？」介甫曰：「方法行之初，舊時人不肯向前，因用一切有才力者。候法已成即逐之，卻用老成者守之。所謂『智者行之，仁者守之』。」

恐怕這才接近王安石論辯「材論」的真意，可惜他的如意算盤並未把人際關係的互動之複雜算計進去。中國古來似無「潘朵拉的盒子」類型的神話，如有則自《水滸傳》第一回「洪太尉誤走妖魔」始。一旦把「真小人」的惡魔釋放出來，事態就無法控制了。故蘇軾弟子陳師道〈上蘇公書〉言：

> 范文正謂：王荊公長於知君子，短於知小人。由今觀之，豈特其短，正以反置之耳。古之所謂「腹心之臣」者，以其同德也。故武王曰：「予

有亂臣十人，同心同德。」而荊公以巧智之士為腹心，故王氏之得禍，大矣！聞狙詐咸作使矣，未聞託之腹心也。夫君子無棄人，巧智之士亦非可棄，以為手足可也。耳目且不可，況腹心乎？蓋勢在，則欺之以為功；勢同，則奪之以為利；勢去，則背之以為害。使之且難，況同之乎？[288]

　　其實早在發表熙寧科舉改革方案，下詔求言時，蘇軾就已爭論說：「夫欲興德行，在於君人者修身以格物，審好惡以表俗。若欲設科立名以取之，則是教天下相率而為偽也。上以孝取人，則勇者割股，怯者廬墓；上以廉取人，則弊車、羸馬、惡衣、菲食，凡可以中上意者，無所不至。」[289] 這是說過分功利的教育機制，容易導致「上有所好，下必甚焉」的局面，未必是為朝廷培育人才「固本培元」之長策。

　　引發爭議的具體實例，是熙寧三年殿試對於考生葉祖洽試卷的評價，主考官員和神宗皇帝分歧甚大：初考官韓維、呂惠卿定為三等上，複考官宋敏求、劉攽定為五等中，詳定官吳充、陳襄定第三，神宗卻欽點為狀頭。於是編排官蘇軾與劉攽、司馬光等爭諫葉之對策「阿諛時政」、「阿諛順旨」，「阿時者皆在高等，訐直者多在下列」。[290]《宋史》本傳蓋棺論定，也說葉祖洽「性狠愎，喜諛附」，「以牟利黷貨聞」，「人目為小訓狐」。評贊甚至說他是「憸邪小人。由王氏之學不正，害人心術，橫潰爛漫，並邦家而覆之；如是其慘焉，此孟子所以必辯邪說、正人心也」。[291]

　　宣政時期不僅繼續如此，還設立許多禁忌以塞言路，營造「清明太

288　《宋文鑑》下冊第 1664 頁。

289　《宋史・選舉志一》。

290　參近藤一成〈王安石的科舉改革〉，《日本中青年學者論中國史・宋元明清卷》，上海古籍出版社 1995 年。這次殿試也是熙寧新法首次採用對策形式取仕，故影響深遠。曾推薦過葉的林希在《野史》中也言，葉祖洽是由同鄉那裡得知神宗喜愛《孟子》，故多引孟子言，又在對策中盛讚變法。後世每以試卷而「先意承志」者，殆此為始乎？

291　《宋史》列傳第一百十三。

平」的「盛世景象」。洪邁《容齋三筆》卷十四「政和文忌」條言：

> 蔡京專國，以學校科舉箝制多士，而為之鷹犬者，又從而羽翼之。士子程文，一言一字稍涉疑忌，必暗黜之。有鮑輝卿者言：「今州縣學考試，未校文學精弱，先問時忌有無，苟語涉時忌，雖甚工不敢取。若曰：『休兵以息民，節用以豐財，罷不急之役，清入仕之流。』諸如此語，熙、豐、紹聖間試者共享不以為忌，今悉紐之，所宜禁止。」詔可。政和三年，臣僚又言：「比者試文，有以聖經之言輒為時忌而避之者，如曰『大哉堯之為君』、『君哉舜也』，與夫『制治於未亂，保邦於未危』、『吉凶悔吝生乎動』、『吉凶與民同患』。以為『哉』音與『災』同，而危亂凶悔非人樂聞，皆避。今當不諱之朝，豈宜有此？」詔禁之。以二者之言考之，知當時試文無辜而坐黜者多矣。

游酢身當其世，嘗著有〈論士風〉更是語出驚人。他認為：

> 天下之患，莫大於士大夫無恥。士大夫至於無恥，則見利而已，不復知有他，如入市而攫金，不復知有人也。始則非笑之，少則人惑之，久則天下相率而效之，莫知以為非也。士風之壞一至於此，則錐刀之末將盡爭之，雖殺人而謀其身，可為也；迷國以成私，可為也；草竊奸宄，奪攘矯虔，何所不至！而人君尚何所賴乎？古人有言：禮義廉恥，國之四維。四維不張，國非其有也。今欲使士大夫人人自好，而相高於名節，則莫若朝廷之士唱清議於天下，士有頑鈍無恥，一不容於清議者，將不得齒於縉紳，親戚以為羞，鄉黨以為辱。夫然，故士之有志於義者，寧飢餓不能出門戶，而不敢以喪節；寧阨窮終身，不得聞達，而不敢以敗名。廉恥之俗成，而忠義之風起矣。人主何求而不得哉？唯陛下留意。[292]

---

292 《宋文鑑》中冊，第 912 頁。按游酢（1053～1123）字子通，改字定夫，號廣平。建陽（今福建建陽市）人。熙寧五年受教程顥。元祐八年為太學博士，為拜見程頤立雪程門，傳為佳話。為理學南傳第一人，故被尊稱為「道南儒宗」。

　　這也是一種「道德至上」的說法。雖然近於迂腐，但是將「廉恥」與「忠義」提高到這樣的境界，對於後世「遺民」心理未嘗沒有意義。

　　近年張邦煒掇拾此題，著有〈論北宋晚期的士風〉一文[293]，特闢「隱逸與奔競」專章論及此節，迭有新見。如引陸佃語「近時學士大夫相傾競進，以善求事為精神，以能訐人為風采，以忠厚為重遲，以靜退為卑弱，相師成風，莫之或止」，[294] 以突顯時代風氣之澆薄。考慮到此語實發於徽宗踐祚之初，故其風不自政和、宣和始。元祐重臣王岩叟〈請罷三舍法疏〉就認為這樣的競爭無益士子專心向學，反而敗壞了學風：

　　　自三舍之法立，雖有高行異材，未見能取而得之，而奔競之患起；奔競之患起，而賂賄之私行；賂賄之私行，而獄訟之端作；獄訟之端作，而防猜之禁嚴。博士勞於簿書，諸生困於文法。臣竊謂不必於科舉之外，別開進取之多岐，以支離其心，而激其爭端，使其利害得失日交戰於胸中。[295]

　　張文且言逮至徽宗時代士風愈下：「當時人所說：『百物踴貴，只一味士大夫賤』，是句雙關語。所謂賤，既指經濟上俸祿微薄，又指道德上人格低下。有人更是一針見血地指出：『天下之患，莫大於士大夫無恥』；『士大夫汩喪廉恥，乃至是耶？』連徽宗也供認不諱：『今士大夫方寡廉鮮恥。』」[296]

293　《四川師範大學學報》2000 年第二期。
294　《宋史》列傳第一百二。據《續資治通鑑・宋紀八十一》，元祐三年（1088）梁燾密具的「安石親黨」有「蔡確、章惇、呂惠卿、張璪、安燾、蒲宗孟、王安禮、曾布、曾肇、彭汝礪、陸佃、謝景溫、黃履、呂嘉問、沈括、舒亶、葉祖洽、趙挺之、張商英等三十人。」可資論考。後章惇、陸佃、張商英又以不同理由被蔡京列入「元祐黨人碑」中。
295　《宋文鑑》卷六〇。中華書局版，中冊，第 989 頁。
296　《四川師範大學學報》2000 年第二期。

可知圍繞「熙寧變法」的反覆，朝廷屢以「恩威並施」的實用政策，用收買或者放逐的兩極方式羈縻牢籠士人，已經嚴重地影響到士大夫心態，扭曲了「慶曆集團」標榜儒生「先憂後樂」的價值體系，剛剛振起的「斯文一脈」，亦隨「元祐舊臣」如蘇軾等人的逝去而掃地以盡。

　　教育無疑是一種重要的國家資源，也是確立社會價值體系的重要工具。關鍵其實在於教育內容，既可教人為善，亦可唆人作惡。教育採用競爭淘汰機制，不過是強化目標價值，加速培養過程的一種手段。使用得當，固然善莫大焉，濫用則貽害無窮，不可不慎。

砥礪與傾軋

　　話題再回到北宋的「黨爭」。我注意到，歐陽脩利用官方身分為慶曆集團主要人物撰述神道碑時，每以「人品節義」相尚。如稱讚范仲淹：「少有大節，於富貴貧賤、毀譽歡戚不一動其心，而慨然有志於天下。常自誦云：『士當先天下之憂而憂，後天下之樂而樂也。』」[297] 稱讚晏殊：「為人剛簡，遇人必以誠。雖處富貴如寒士，罇酒相對，歡如也。得一善，稱之如己出。當時知名之士如范仲淹、孔道輔等，皆出其門……而小人權倖皆不便。」[298] 稱譽王質（王素之兄）：「初，范仲淹以言事貶饒州，方治黨人甚急。公獨扶病率子弟餞於東門，留連數日。大臣又以讓公曰：『長者亦為此乎？何苦自陷朋黨！』公徐對曰：『范公天下賢者，顧某何敢望之。然若得為黨人，公之賜某厚矣。』聞者為

297　〈資政殿學士戶部侍郎文正范公神道碑〉，《歐陽脩全集》，第 144 頁。

298　〈觀文殿大學士行兵部尚書西京留守贈司空兼侍中晏公神道碑銘〉，同上，第 161 頁。按宋詞評價晏殊詞，每以「典雅華麗」盛讚其「富貴氣象」，如「無可奈何花落去，似曾相識燕歸來」一類。可知為人之道未必與其審美趣味趨同。

公縮頸。」[299] 嘉嘆余靖任諫官時，「感激奮勵，遇事輒言，無所迴避。奸諛權倖屏息畏之一，其補益多矣！——然亦不勝其怨嫉也。」[300] 此外，還讚賞石介：「遇事發憤，作為文章，極陳古今治亂成敗，以指切當世，賢愚善惡，是是非非，無所諱忌。世俗頗駭其言，由是謗議喧然，而小人尤嫉惡之，相與出力，必擠之死。先生安然，不惑不變，曰吾道固如是，吾勇過孟軻也。」[301] 稱譽胡瑗：「為人師，言行而身化之，使誠明者達，昏愚者勵，而頑傲者革。故其為法言而信，為道久而尊。師道廢久矣！自景祐以來學者有師，唯先生與泰山孫明復、石守道三人而已。」[302] 推獎孫明復：「治《春秋》，不惑傳注，不為曲說以亂經。其言簡易，明於諸侯大夫功罪，以考時之盛衰，而推見王道之治亂。」[303]

而曾鞏在〈寄歐陽內翰書〉中也稱讚歐陽脩「蓄道德而能文章」，其逝世後又有蘇轍為撰〈神道碑銘〉，繼續揚清擊濁。韓琦為撰官方〈祭文〉中，尤其稱讚歐陽脩的個人努力在轉移士風方面的優秀成果：

> 在慶曆初，職司帝聰；顏有必犯，闕無不縫；
> 正路斯辟，奸盟輒攻；氣盡忘忤，行孤少同。
> 於穆仁廟，誠推至公；孰好孰惡，是焉則從；
> 盡得善納，治隨以隆。人畏清議，知時不容；
> 各礪名節，恬乎處躬。二十年間，由公變風；
> 公之功業，其大可記。

---

299 〈尚書度支郎中天章閣侍制王公神道碑銘〉，同上，第 150 頁。
300 〈贈刑部尚書余襄公神道碑銘〉，同上，第 166 頁。
301 〈石守道墓誌銘〉，《宋文鑑》卷一百四十一，第 1967 ～ 1968 頁。
302 〈胡先生墓表〉，《居士集》卷二十五，同上，第 178 頁。
303 〈孫明復先生墓誌銘〉，《居士集》卷二十六，同上，第 194 頁。

可見「慶曆新政」雖然在政治上失敗，但諸公仍然聲氣相求，努力道義，以文章闡發治學心得，挽救士人頹風，弘揚正氣，努力不懈。正緣「慶曆新政」及「元祐舊臣」的核心人物能夠固守節義，不逐時好，不阿權貴，不隨意俯仰，才被後世理學標舉為道德榜樣。[304]

遺憾的是，王安石執政以後，對這些老朋友都曾痛下貶手，以便汲引新人。《宋史・王安石傳》總結而言之：

> 呂公著、韓維，安石藉以立聲譽者也；歐陽脩、文彥博，薦己者也；富弼、韓琦，用為侍從者也；司馬光、范鎮，交友之善者也：悉排斥不遺力。

他實施「熙寧新法」的核心人物之間與上述諸公正好相反，屢次出現勾心鬥角、傾軋互陷的情況。故「新法」實施不久，集團內即呈分崩離析之狀：或如王氏父子與呂惠卿之交相構陷，[305] 或如曾布之反覆未安，或如鄧綰之首鼠兩端，或如黃隱之落井下石。[306] 種種情態，不一而足。即便在「新法」全盛時期，還有唐坰因極言青苗法可行，「安石尤喜之，薦使對，賜進士出身，為崇文校書⋯⋯數月，將用為諫官，安石疑其輕脫，將背己立名」，由此反目成仇。於是唐坰利用程序之便，

304　陳樂素先生有〈流放嶺南的元祐黨人〉一文敘述熙寧、紹聖、崇寧年間元祐黨人幾度遭到流放，前仆後繼，忠節砥礪，瘴煙之途不絕如縷，後世各地猶存紀念性建築之情事。載中國社科院歷史所宋遼金元研究室編《宋遼金史論叢》第一輯，中華書局 1985 年出版。

305　據報導，2001 年 12 月，一百多位專家學者出席福建省歷史名人研究會呂惠卿分會成立大會。在學術報告中，多數人認為，「呂惠卿是王安石變法時期最活躍、最有建樹的人物之一，他銳意變革、堅持不渝、捍衛新法，被當時人稱為『護法善神』，本來應該與王安石一樣作為一代改革家予以肯定。但是由於封建史家的價值取向偏見，竟把他列入《宋史・奸臣傳》，千百年來一直蒙受不白之冤，應當予以平反」云云，此番言論得到了福建南安呂氏後裔的支持。

306　呂陶有〈請罷國子監司業黃隱職任〉，指責他先「附會當時執政」，而「安石去位而死」後，又極力黜貶王學，「隨時俯仰」，「隳喪廉恥」。見《宋文鑑》中冊，第 906 ～ 907 頁。

當陛唱了一出「罵殿」，慷慨激昂，至詆安石為李林甫、盧杞。[307] 魏泰曾言：

> 王荊公再為相，平日肘腋盡去，而在者已不可信，可信者又才不足以任事，平日唯與其子雱相謀。[308]

已有煢煢孑立之勢，更不必說「元祐更化」時的「反覆之徒，詆毀百端。」又《鶴林玉露》言：

> 後世之士，殘忍刻核，能聚斂能殺戮者，則謂之「有才」；鬧鄰罵坐，無忌憚無顧藴者，則謂之「有氣」；計利就便，善排闔善傾覆者，則謂之「有智」。一旦臨利害得喪、生死禍福之際，鮮有不顛沛錯亂，震懼隕越而失其度者，況望其立大節，彌大變，撐柱乾坤，昭洗日月乎？此無他，任其氣稟之偏，安其識見之陋，驕恣傲誕，不知有所謂戰戰兢兢、臨深履薄之工夫故也。

也是宋人針對王學「實用主義」人才觀而發的感慨。如果說元儒著《宋史》時已懷偏見，人言言殊，不盡一致，但王安石也自承「智不足以知人，而險詖常出於交遊之厚」[309]，總該不誣。

司馬光評論熙寧新法的育材政策時說：

307　見《宋史》本傳。元人居然將其與王安石及王雱合為一卷，可知唐坰可書事蹟僅此一樁。
308　魏泰《東軒筆錄》。《王荊公年譜考略》嘗作〈朋友考〉言：「嘗考荊公生平，其交遊最厚者自曾子固而外，則有孫正之、王逢原、孫莘老、王深父、劉原父、貢父、丁元珍、常夷甫、崔伯易諸人，此皆文學行誼見推於當世大賢者也。而後人詆毀荊公，無論當時同行新法者既盡目之以為黨，指之以為小人；即後來稍官於熙寧間，雖於新法之行無所與，亦必從而詆毀之，如於常夷甫、崔伯易尤甚。唯逢原、深父皆卒於嘉祐、治平，原父亦卒於熙寧元年，丁元珍撼輊兵戎間，莘老以議新法不合而去，子固在外十年，轉走六郡，至元豐三年而後入朝。唯孫正之終身不仕，獨幸得免耳。嗚呼！荊公無黨者也。」（第 342～343 頁）以王安石「不樹朋黨」辯解。以今世之眼光看，適足證明他的變法缺乏以「文學行誼見推於當世大賢」的道義支持，這正是和「慶曆新政」集團相反之處。
309　〈與參政王禹玉書〉（其二）。

　　王介甫引用新進資淺者，多藉以官。苟為己盡力，則因而進擢；或小有忤意，則奪借官而斥之；或無功，或無過，則暗計資考與常格，然後遷官。[310]

　　明確指責他以「效忠己說」為前提，以官場利益為餌，來吸引新法的支持者。一旦新法內部出現爭論，則極易造成各保利益，互相攻忤。故宋人總結說，安石得勢，則「當世學者得出其門下者，自以為榮」；失勢，則「學者皆變所學，至於著書以詆公之學者，且諱稱公門人」。[311] 恰如馮道。一政之成敗，盡繫於一人之進退。政教之失，莫甚於此。

　　王安石晚年奉佛，舍宅建寺，也許正是出於對人事傾軋、世態炎涼的心灰意冷。而他致仕以後「口不言政」的避世態度，也與慶曆、元祐人士的「寧鳴而死，毋默而生」形成鮮明對比。張舜民《畫墁錄》卷四〈哀王荊公〉詩，有「慟哭一聲唯有弟，故時賓客合如何」句，可見晚景淒涼之態。諺謂「種瓜得瓜，種豆得豆」，王學既不重氣節涵育，其佛門因果之論，得見於此乎？

　　更可嘆金兵長驅入汴時，北宋臣民的表現甚至不如晚唐。不但眼睜睜讓二帝被人牽著鼻子去「北狩」，自家的金銀財寶，日常用具，甚至吃飯器具，都被搶掠毀壞殆盡。屠殺蹂躪之殘暴，也較晚唐有過之而無不及。故靖康時李綱曾激憤上言：

　　自崇、觀以來，朝廷不復崇尚名節，故士大夫寡廉鮮恥，不知君臣之義；靖康之禍，視兩宮播遷如路人。[312]

310　司馬光《涑水紀聞》卷十六，第 309 頁。
311　王辟之《澠水燕談錄》。
312　《續資治通鑑》卷九十八。

如果我們知道，宋徽宗時代的權臣蔡京、蔡卞兄弟不但是「熙寧變法」中第一批錄取的進士，蔡卞且是王安石女婿，而且他們正是以「紹述新法」為由，開始大刀闊斧的「革故鼎新」的話，那麼北宋「突然死亡」的真實原因，也就不問可知了。

與之對照的是蘇軾。他早年成名，卻很快捲入「黨爭」，被羅織「夾帶私鹽」罪名；中年非言新法，因「烏臺詩案」陷身縲紲，編管黃州；晚年名著「元祐黨人碑」，逐放極邊之地儋州。可惜後世長期「才名」掩蓋了「人品」。他逝後，無論蘇轍為之志銘（今《宋史・蘇軾列傳》多用其文），還是弟子李廌為之作誄（以「皇天后土，鑑生平忠義之心；名山大川，還千古英靈之氣」），[313] 都推崇或者推重而引以自豪者是他的忠義大節。連文天祥鼎鼎大名的〈正氣歌〉及序，也是本於蘇軾〈潮州韓文公廟碑〉而來的。這個碑記中，蘇軾還有一段預設問答：

> 或曰：「公去國萬里，而謫於潮，不能一歲而歸。沒而有知，其不眷戀於潮也，審矣。」軾曰：「不然。公之神在天下者，如水之在地中，無所往而不在也。而潮人獨信之深，思之至，焄蒿淒愴，若或見之。譬如鑿井得泉，而曰水專在是，豈理也哉？」

本意是解答對於韓愈葬所與潮州相隔萬里，何由享祀的疑問，也是出於一種現實的關切。[314] 而正是蘇軾回答之「公之神在天下者，如水之在地中，無所往而不在也」，後世為乾隆承襲，用來指代關公。其〈御制關帝廟碑〉言：

313　朱弁《曲洧舊聞》言：「東坡之歿，士大夫及門人作祭文甚多，唯李廌方叔文尤傳，如『道大不容，才高為累。皇天后土，鑑平生忠義之心；名山大川，還萬古英靈之氣。識與不識，誰不盡傷？聞所未聞，吾將安放！』此數句人無賢愚，皆能誦之。」
314　韓愈逝時已復為吏部侍郎，葬所顯然距潮州十分遙遠。故潮人關切他是否可以享受到潮州的供奉，也是其事雖不必有理或有之的問題。

宋臣蘇軾言：「神在天下，如水之在地中，無所往而不在。」顧由斷港絕潢，達乎河濟江淮，不能不以溟澥觀其匯；由墟落塵市，赴乎赤畿望緊，不能不以都會統其歸。[315]

至此，這句話已成為關公以一人之身，廟祀天下，何以能夠分身顯應的標準答案。這也意外地把關羽和蘇軾連在一起。

激勵抗金

有論者以為，宋徽宗所以會在宣和五年（西元一一二三年）封賜關羽，是因為「金軍不斷南進，北宋江山岌岌可危。宋徽宗認為可以關羽的『忠勇義氣』，激勵士氣和民心。」[316] 其實是想當然之論。

宣和五年是個非常微妙的年分：一方面金兵滅遼，破燕京後席捲而去，宋廷「以金帛換疆土」的政策正在順利實施。王黼籌得數千萬緡，向金買得六座空城，靦然入主燕山府，且任命王安中為燕山府路宣撫使，作〈復燕雲碑〉勒石紀功，並與遼降將郭藥師同知燕山府。童貫、王黼、蔡攸等人正在彈冠相慶之際：

五月，己未，以收復燕、雲，賜王黼玉帶；庚申，進太傅，總治三省事。鄭居中為太保，進宰執官二等。癸亥，童貫落節鉞，進封徐豫國公，蔡攸為少師。

另一方面又正醞釀北宋亡國根由。蓋因遼國平州人張覺受到鼓舞，起兵以平、營兩州歸宋。金兵察覺偷襲，復破平州，並獲得宋廷所賜詔旨，以此追索張覺。「朝廷不得已，令安中縊殺之，函其首，並（張）

---

315 原碑在北京市西城區西黃城根北街國家祀典關帝廟，以漢滿兩種文字書寫。《光緒順天府志》卷六〈祠宇〉錄有全文。北京古籍出版社排印本，第 149～159 頁。
316 卿希泰《中國道教史》第三卷〈關聖帝君〉。

覺二子送於金。燕降將及常勝軍士皆泣下。」[317] 類同當年孫權函關羽首
以贈曹操。這件糾紛成為兩年後金兵起釁、南下滅宋的主要理由之一。
南宋洪邁曾發表感慨說：

> 頃修《靖康實錄》，竊痛一時之禍，以堂堂大邦，中外之兵數十萬，
> 曾不能北向發一矢、獲一胡，端坐都城，束手就斃！虎旅雲屯，不聞有
> 如蜀、燕、晉之憤哭者。近讀《朱新仲詩集》，有〈記昔行〉一篇，正
> 敘此時事。其中云：「老種憤死不得戰，汝霖瘡發何由痊？」乃知忠義
> 之士，世未嘗無之，特時運使然耳。[318]

部分原因是因為蔡京等人「紹述」熙寧新法，急功近利，變亂了好
不容易形成雛形的崇尚「忠節」的價值體系。錢鍾書嘗引宋人《遺史》
記靖康時范瓊言：

> 自家懣只是少個主人，東也是吃飯，西也是吃飯；譬如營里長行健
> 兒，姓張的來管著是張司空，姓李的來管著是李司空。[319]

說明利益與道德之關係，「享利則推有德，得食則事為君」。這種
制式化的無所謂態度，正是造成「靖康之恥」的直接原因。高宗登極之
後，甚至不敢處罰「靖康之變」中這些陷主從賊、接受偽職之權臣：

> 張邦昌既廢，范瓊不自安。朝議以其握兵，特詔：「節義所以責士
> 大夫，至於武臣卒伍，理當闊略。唯王宗濋首引衛兵逃遁，以致都城失
> 守，不可不責。此外一切不問，以責後效。」[320]

317　此年概況可參畢沅《續資治通鑑·宋紀九十五》及《宋史》各傳。
318　《容齋隨筆》卷十六〈靖康時事〉，吉林文史出版社排印本，第 165 ～ 166 頁。
319　《管錐編》第一冊第 340 ～ 341 頁。
320　《續資治通鑑》卷九十八。

連安史亂後的唐廷都不如。這裡所說的范瓊本為京城巡檢，靖康初也曾積極抗金，金兵入汴卻積極地服從金人指揮。靖康二年（西元一一二七年）二月曾親自押送趙佶夫婦同坐一輛破牛車，令皇親、妃嬪、公主、駙馬步行在後，同往金營投降。三宮六院中稍微有點位分的，全被他領著金人擄走；又是最先擁立張邦昌者，並殺害了以吳革為首準備起義的殿直甲士數百人。奇怪的是他居然南渡繼續任職，渾若無事。建炎元年（西元一一二七年）任定武軍承宣使、御營使司同都統制，又帶兵鎮壓叛亂。趙構對其靖康年間作為恨之入骨，先以溫言慰藉，後尋他故捕獲處死。後來「隆興和議」時又出了一位胡昉，聲言「朝廷官爵是買吾曹之頭顱」。[321] 更加強調自我作為，不以國家政權利益為念。

與此相反的是，建炎二年（西元一一二八年）正月金兵蹂躪關陝時，民眾已在關羽祠廟中集結反抗了：

真祕閣謝眂提點京西北路兼南路刑獄公事，專切總領招捉賊盜。先是，有撰〈勸勇文〉者，揭於關羽廟中，論敵兵有五事易殺：「連年戰辛苦，易殺；馬倒便不起，易殺；深入重地力孤，易殺；多帶金銀，易殺；作虛聲嚇人，易殺。各宜齊心協力，共保今歲無虞。」眂得而上之，詔兵部鏤版散示諸路。[322]

321　王明清《揮麈三錄》卷三。記胡昉「以大言誇誕得官」。《金史・僕散忠義傳》言胡昉在議和時曾「以右僕射湯思退書來，宋稱姪國，不肯加世字。忠義執昉留軍中，答其書，使使以聞。詔曰：『行人何罪，遣胡昉還國。邊事從宜措畫。』」堅持原則，但也受了一番驚恐。

322　《續資治通鑑》卷一百十一。據《宋史・地理志》，熙寧五年分京西路為南、北二路，北路治河南府，伏牛山以北、桐柏山以東地區屬北路；南路治襄州（宣和元年升為襄陽府），其西南地區屬南路。元豐元年仍並為京西路，八年復分為南，北二路。自崇寧四年至北宋末年，京西北路東部分屢有改屬，或屬京畿路，或歸隸本路。故難以確指，推斷應在洛陽附近。

可知當時關羽廟宇已分布在汴京以外。《三朝北盟會編》建炎二年正月：

金人既已渡河，陷同州，繫橋為歸路，西陷華、陝、岐、雍、隴、秦，陝右大擾，鄜延路經略司出兵攻同州，收復諸縣，焚大慶關。檄召河南、河北豪傑共起義兵，并力擊賊，遠近響應。旬日間，以供狀自達姓名：孟迪、種潛、張勉、張漸、白保、李進、李彥仙等，兵各以萬數。又勝捷軍卒張宗自稱觀察使，亦起兵於南山下。[323]

而河東一帶組織了「忠義社」等民間武裝，長期堅持抗金。此後宋軍開始集結兵力，進行認真抵抗，終於遏制了金兵攻城拔寨、所向無敵的態勢。史料表明，建炎二年高宗確曾頒詔，加封關羽為六字之「壯繆義勇武安王」，誥詞云：「肆摧奸宄之鋒，大救黎元之溺。」[324] 此次封祀也是中國歷史上第一次把關羽作為抵抗外侮、力戰不屈的實際模範予以褒揚，對於南宋三國故事轉變為「講史演義」有推波助瀾之功。

岳飛抗金，也曾以關羽、張飛的興復漢室，戮力王事作為榜樣。據岳飛之孫岳珂編輯的《金佗續編‧百氏昭忠錄》輯錄之孫迪〈紀鄂王事〉言：

（岳）飛常與人言：使飛得與諸將齒，不在偏校之外，而進退稟命於朝，何功名不立？一死焉足靳哉！要使後世書策中知有岳飛之名，與關、張輩功烈相彷彿耳！……飛武人，意氣如此，豈易得哉？亦古人「豹死留皮」之意也。[325]

323　《三朝北盟會編》卷一百十五。
324　乾隆《解梁關帝志》卷之一，第66頁。註明原出《荊門志》，〈誥詞〉僅兩句，「餘文缺」。
325　四庫本《金佗續編》卷二十八。

可知關羽在抗金將士心目中的地位。查《宋史·岳飛傳》，建炎年間岳飛從屬東京留後宗澤、王彥和杜充為部將，不能肆其志。推測岳飛以關、張功業自勵，或當建炎二年閏六月岳飛部收復淮寧府、潁昌府（今許昌）、鄭州、洛陽等地，七月破宗弼於郾城、潁昌，以麻扎刀、提刀和大斧「手拽廝劈」，大戰「拐子馬」，勝後並遣部將梁興渡黃河之際。又洪邁《夷堅三志》己卷七「自立生祠（士人）」條言：

明椿都統立生祠於玉泉關王廟側：昔日英雄關大王，明公右手立祠堂。大家飛上梧桐樹，自有傍人說短長。[326]

也是以關羽為榜樣，自勵自勉，不怕旁人以其自視過高，議論譏笑的意思。案《續資治通鑑·宋紀一百三十五·紹興三十一年》：

時山東豪傑開趙、明椿、劉異、李機、李仔、鄭雲等，各以義旗聚眾。

則明椿亦山東抗金豪傑。以關廟為「勸勇」之場所，也證明流行於市井之間的「說三分」故事已把「義勇武安王」關羽作為激勵鼓舞抗敵士氣之象徵。南宋還不斷有發現「關羽印綬」的記載，借此激勵士氣。洪邁說：

荊門玉泉關將軍廟中有「壽亭侯印」一鈕，其上大環徑四寸，下連四環，皆繫於印上。相傳云：紹興中，洞庭漁者得之，入於潭府，以為關雲長封漢壽亭侯，此其故物也，故以歸之廟中。南雄守黃兒見臨川興聖院僧惠通印圖形，為作記。而復州寶相院又以建炎二年因伐木，於三門大樹下土中深四尺餘，得此印，其環並背俱有文云：「漢建安二十年，壽亭侯印。」今留於左藏庫。[327]

326　《宋詩紀事補正》卷九六。
327　《容齋四筆》卷八。又趙彥衛《雲麓漫鈔》卷之五也有類似記載，文長不錄。

「關羽遺跡」居然能在長江以南潭州、復州[328]、邵州、嘉興等地重現，證實此時偽造「關羽印綬」也成為一種「流行現象」。其中復州寶相院發掘印綬恰於建炎二年，與前述之關廟勸勇和趙構褒封同時，無疑延伸了關羽武勇護國的神蹟傳說，故後來轉為南宋官民之保護神。南濤〈紹興重修（當陽）廟記〉言：

王之行事，載於史冊，若皎日之明，如高山之聳，歷千餘歲不與時而興廢。王之祠成，自宋政和乙未歲，迄今越五十年，殿宇破漏在將，諸老宿請於管軍范公，願再為完葺。范公欣然，首出己俸，鳩材募工，不閱旬而工告成。神既能安，人多受福。僕忝鄉關，聊書厥實。[329]

就著重強調了關羽「禦侮」和「善戰」的特點，尤其是忠義大節，正氣凜然，使得敵方亦敬禮有加。這正處在南宋、金「紹興和議」後的僵持階段，也是儒士百姓尤其渴望南渡君臣擁有的品格。

328　即今湖北隨州。據《宋史·岳飛傳》，紹興抗金時，朝廷授岳飛為黃、復州、漢陽軍、德安府制置使，又授他為荊湖南北、襄陽府路、蘄黃州招討使。此印與岳飛有無關係，不能驟定。

329　乾隆《解梁關帝志》卷三藝文上。按政和乙未歲即 1115 年，宋高宗紹興年號止於三十二年（1162）。此碑既冠以「紹興」，「約五十年」當是概數。

附錄
關公信仰形成發展簡明年表

時期	朝代～年代	地點	事件
漢	建安二十四年 （219）	當陽	關羽率兵北伐，威震華夏。年底孫權偷襲荊州，關羽退保麥城，兵敗被擒，遇害當陽。
	景耀三年 （260）	成都	秋九月，後主追諡故前將軍關羽曰壯繆侯。
隋	開皇十二年 （592）	當陽	天台宗創始人智顗往荊楚傳法，創建玉泉寺。後世關羽皈依佛法事即附跡於此。
唐	儀鳳年間 （676～679）	當陽	禪宗北派六祖神秀依附玉泉寺創建度門寺，後世關羽為護佛伽藍事即附跡於此。
	開元二十九年 （741）	洛陽	《關楚征墓誌》稱「昔三國時蜀有名將曰羽，即公之族系。曾祖元敏，祖玄信，父思渾，並代推雄望，蔚為領袖。」可知至遲此時已有自承關羽後裔的家族。
	天寶元年 （742）	安西	僧人不空託言請得天王之子解唐軍安西之圍，皇帝頒詔天下府州縣城西北角修建天王堂。此為中國普遍繪像敬奉毘沙門天王之開始。
唐	建中三年 （782）	長安	禮儀使顏真卿奏請武成王配祀增加關羽等，共 64 人。
	貞元二年 （786）	長安	刑部尚書關播奏請裁撤配祀之「異時名將」。「自是唯享武成王及留侯，而諸將不復祭矣。」
	貞元十八年 （802）	當陽	董侹撰《荊南節度使江陵尹裴公重修玉泉關廟記》，為現存關羽成神之最早記載。
五代	後唐明宗年間 （926～930）	洛陽	附近《（後）晉故隴西郡夫人關氏墓誌銘並序》稱唐明宗皇妃之母關氏為「蜀將鎮國大將軍、荊州都督（關）羽之後也」。此為另一自承關羽後裔家族。

時期	朝代～年代	地點	事件
宋	建隆元年 (960)	汴梁	太祖「幸武成王廟，歷觀兩廊所畫名將」，詔「取功業始終無瑕者」，配祀晉升灌嬰等 23 將，黜退關羽等 22 將。
	建隆三年 (962)	汴梁	詔給昭烈帝、關羽、張飛、諸葛亮等歷代「功臣、烈士」各置守塚三戶。
宋	大中祥符七年 (1014)	解州	始建關羽祠廟於其故里。
	慶曆三年 (1043)	汴梁	用范仲淹議，武成王廟「自張良、管仲而下依舊配享，不用建隆升降之次」。關羽等將復入配祀。
	皇祐五年 (1053)	邕州	此處原有關羽祠廟。元豐碑刻記述：「皇祐中，儂賊陷邕州，禱是廟，妄求福助，擲杯不應，怒而焚之。狄丞相破智高，乞再完。仁宗賜額，以旌靈貺。」
	至和二年 (1055)	桂林	釋義緣在龍隱岩題刻石壁，稱「智者大師，擎天得勝關將軍，檀越關三郎」。此為今存最早關羽崇拜的摩崖碑刻。
	嘉祐末年 (1061 ～ 1063)	鳳翔	蘇軾任簽判，與時任監府諸軍之王彭結識交往，始聞「說三分」事。北宋「說三分」風習至遲在此前開始。

時期	朝代～年代	地點	事件
宋	熙寧九年 （1076）	荔浦	西夏前線將領郭逵率領的威勝軍神虎第七軍南下征交趾時，曾參拜關廟，並發軍誓祈神護佑。後果在遭遇戰中覺有「陰兵助戰」，遂得大捷。
	元豐三年 （1080）	沁縣	西夏前線將領，知威勝軍王文郁率威勝軍神虎第七指揮及宣毅第二十五指揮官兵集體捐資，於原駐地新建蕩寇將〔軍漢壽亭〕關侯廟，報答神貺，並立碑紀念。此為現存以關羽替代毘沙門天王成為軍隊「助戰神靈」的最早記載。
	元豐四年 （1081）	當陽	玉泉寺住持承皓鼎新寺院，張商英撰〈重建關將軍廟記〉，重申佛教「關羽顯聖」，皈依佛門傳說。
	紹聖二年 （1095）	當陽	賜當陽關羽祠廟額「顯烈」。
	元符元年至三年 （1098～1100）	解州	鹽池潰堤遇水，基本停產。
宋	崇寧元年 （1102）	解州	鹽池經過整修，開始恢復生產。二月封關羽為忠惠公。此為後世加封關羽新爵之開始，亦為「關公戰蚩尤」神話的由來。
	崇寧四年 （1105）	汴梁	五月，賜信州龍虎山道士張繼元號虛靜先生。六月解池修復，全面恢復生產。
	大觀二年 （1108）	汴梁	加封關羽為武安王。
	政和七年 （1117）	聞喜	地方治安官員募修關羽祠，撰解州聞喜縣〈新修武安王廟記〉。此為後世治安官員崇祀關羽之開始。
	宣和五年 （1123）	汴梁	正月禮部奏請，敕封關羽為義勇武安王，從祀武成王廟。

時期	朝代～年代	地點	事件
宋 西夏 金 蒙古	宋建炎二年 (1128)	洛陽	京西路關羽祠有張貼〈勸勇文〉者，以「五可殺」鼓勵齊心協力抗擊金兵。提點京西北路謝貺「得而上之，詔兵部鏤版散示諸路」。加封關羽為「壯繆義勇武安王」，誥詞云：「肆摧奸宄之鋒，大救黎元之溺。」此為視關羽為寧死不屈、抵抗外侮象徵之始。
	宋紹興二十七年 (1157)	臨安	在西溪法華山建義勇武安王廟。此為江南三吳地區興建關羽祠廟之始。
	金大定十三年 (1173)	平遙	慈相寺住持新建關羽廟於法堂東廡，言：「今茲天下伽藍奉此者為護法之神。」郝瑛撰〈慈相寺關帝廟記〉。此為金國奉祀關羽現存之最早記載。
宋 西夏 金 蒙古	金大定十七年 (1177)	解州	下封村柳園社鄉人王興為關羽修建家廟，有〈漢關大王祖宅塔記〉存世。井上建有瘞塔，塔銘且言：關羽「於靈帝光和二年己未，憤以嫉邪，殺豪伯而奔。聖父母顯忠，遂赴舍井而身歿。」此為現存民間為關羽事蹟添加前傳之最早記述。
	金大定年間 (1161～1189)	鞏昌	相傳「西兵潛寇，城幾不守，乃五月二十有三日，見若武安狀者，率兵由此山出，賊駭異退走。」隨即在萬壽山建廟，府帥世代祀之。此為金軍猶自沿襲宋軍風習，以關羽崇拜對抗西夏毘沙門天王崇拜之記載。
	宋淳熙十四年 (1187)	當陽	因「疫癘不作，饑饉不臻，盜賊屏息，田裡舉安」，特封壯繆義勇武安英濟王。此為宋代對於歷代功臣烈士之最高封爵，亦為現存以關羽為祈雨神祇的最初記載。

時期	朝代～年代	地點	事件
宋西夏金蒙古	金明昌年間（1190～1195）	河南、河北	開州（濮陽）、固安等地建立關廟。
	蒙古成吉思汗二十一年（1226）	黑水城	成吉思汗率大軍攻破西夏黑水城，直逼國都。黑水城守將於城破之前將佛經圖籍等藏入佛塔。其中包括金人版刻之〈義勇武安王位〉關羽神像。
	蒙古海迷失後元年（1249）	清苑	張柔建順天府城，設關廟，郝經撰〈重建武安王廟記〉。此為蒙古政權建關廟現存最初記載。其中言及「夏五月十三日，秋九月十有三日，則大為祈賽，整仗盛儀，旌甲旗鼓，長刀赤驥，儼如王生。」則為現存關羽祀典日之最初記載。
元	中統四年（1266）	汲縣	王惲撰《重修義勇武安王祠記》。又蔚州《大元加封顯靈英濟義勇武安王碑銘》稱：「本朝以武功定天下，所在郡邑，悉建祠宇，士民以時而享。」
元	至元六年（1269）	徐州	州牧董恩建呂梁洪廟，以祀漢壽亭侯關羽、唐鄂國公尉遲敬德，以二公於徐州皆有遺跡。此為漕運祭祀關羽之最初記載。
	至元七年（1270）	大都	八思巴設藏傳密宗「鎮伏邪魔獲安國剎」大法會，歲正月十五日，以「八衛撥傘鼓手一百二十人，殿後軍甲馬五百人，抬舁監壇漢關羽神轎軍及雜用五百人。」遂成「游皇城」制度，元末乃止。
	至元二十二年（1285）	遼陽	建立關廟。此為東北地區設廟之始。
	大德～至大年間（1297～1308）	當陽	儒士胡琦編纂《關王事蹟》（又名《新編關王實錄》），開始將關羽祖系、生平年譜、關王書札、身後靈異，到歷代封贈、碑記、題詠等匯刊一處。此為關羽虛構事蹟系統化之開端。

時期	朝代～年代	地點	事件
元	至大元年 (1308)	當陽	玉泉寺住持鐘山復新廟宇，發現關羽祠地基。延祐元年（1314）完成復建，毛德撰《新建武安王殿記》記其事。
	皇慶二年 (1313)	徐州	趙孟頫撰《關、尉神祠碑銘》，以「二公生為大將，歿而為神，其急人之患難，夫豈慁於素志」為由，奉為漕運護佑神。
	至治年間 (1321～1323)	建安	虞氏刊本《全相三國志平話》刊印。此為現存最早的三國平話話本。
	泰定二年 (1325)	大都	元帝、后出資復新西四北羊角市關廟，吳律撰《漢義勇武安王祠記》記其事。
	天曆元年 (1328)	大都	加封漢關羽為顯靈威勇武安英濟王，遣使祀其廟。
元	至順二年 (1331)	大都	封（關羽）齊天護國大將軍、檢校尚書、守管淮南節度使，兼山東、河北四門關招討使，兼提調諸宮神剎、無分地處檢校官、中書門下平章政事、開府儀同三司、駕前都統軍、無佞侯、壯穆義勇武安英濟王、護國崇寧真君。
	元代	大理	據天啟《滇志》記載：「大理府關王廟，在府治西南，元時建。」此為西南少數民族地區興建關廟之始。
明	洪武二十七年 (1394)	南京	以蜀漢原謚建關廟於雞鳴山，列入祀典。
	建文年間 (1399～1402)	寧海	方孝孺撰〈關王廟碑〉。
	宣德年間 (1426～1435)	北京	宮廷畫家商喜繪製巨幅〈關羽擒將圖〉。
	成化十三年 (1477)	北京	奉敕建廟宛平縣之東，祭以五月十三日。皆太常寺官祭。大學士商輅奉敕撰碑。此為明廷歷代皇帝在北京興建祀典關廟之始。

時期	朝代～年代	地點	事件
明	嘉靖元年 (1522)	不詳	修髯子序係年於此，一般認為現存羅貫中本《三國志通俗演義》此年刊印。
	嘉靖十年 (1531)	北京	以出生地鍾祥升為承天府，荊門、沔陽等三個府州歸入承天府轄治。當陽原屬荊門，亦併入承天府治下。敕建正陽門小關廟，釐定關羽為南方神，為帝系轉南，護佑帝祚之保護神。
	嘉靖三十四年 (1555) 前後	江南	閩廣：江南、閩、廣屢遭「倭亂」，士民競以關羽為護境保民之神，爭傳顯靈助陣之事，紛紛修建關廟，以為一方護佑。此為關羽祠廟深入鄉里之始。關羽護佑科第士子的傳說，也於此時最早在江南士人的筆記碑刻中開始流傳。
	嘉靖三十五年 (1556)	江陵	《關王忠義經》楊博序繫年。嘉靖近侍黃錦、陸炳捐資復新當陽關羽墓寢。
	萬曆十八年 (1590)	高家堰	潘季馴治漕河，「以神顯靈高堰，詔加尊號，頒袞冕，賜廟額曰『顯佑』」，封此廟神為「協天護國忠義大帝」。此為封關羽帝號之始。從此大運河沿途競相建立關廟，以祈保人流物轉之平安。此為後世關羽司職財神之重要緣由。
	萬曆二十二年 (1594)	北京	孫丕揚主吏部，為避免中貴幹謁，轉效正陽門關帝籤，以掣籤方式決定官員銓選。此為後世官員舉子及行商坐賈競相掣取正陽門關帝籤之開始。並應道士張通元之請，敕解州關廟供奉神祇進爵為帝。
	萬曆四十二年 (1614)	北京	以「夢感聖母中夜傳詔」，敕封天下關廟之神為「三界伏魔大帝神威遠鎮天尊關聖帝君」，「五帝同尊，萬靈受職」。實為護佑福王之藩。自此關羽成為無上尊神。

時期	朝代～年代	地點	事件
明	萬曆四十五年 （1617）	北京	萬曆帝親撰〈御制敕建護國關帝廟碑記〉，聲稱「曩朕恭謁祖陵，俄頃空中彷彿金甲，橫刀跨赤，左右後先，若護蹕狀。」「帝秉火德，熒惑應之。顏如渥丹，騎日赤兔，盡其征也。陽明用事，如日中天，先天則為南，當干；後天則重明麗正，天且弗違。」明確以關公為明廷護佑神。
清	崇德八年 （1643）	盛京	以瀋陽為京城，敕建關廟，賜額「義高千古」。
	順治年間 （1644～1661）	寧古塔	被罪流放之漢人記述：「滿初人不知有佛，誦經則群伺而聽，始而笑之，近則習而合掌，以拱立矣……不祀神，唯知關帝，亦無廟，近乃作一土龕。」
	（明）永曆二十二年 （1667）	臺南	建立關帝廟，明寧靖王親書「古今一人」匾懸於廟內。
	雍正三年 （1725）	北京	頒詔比隆孔子儀典，「追封關帝三代俱為公爵，牌位止書追封爵號，不著名氏。於京師白馬關帝廟後殿供奉，遣官告祭。其山西解州、河南洛陽縣塚廟，並各省府州縣擇廟宇之大者，置主供奉後殿，春秋二次致祭。」此為關羽列入符合儒家規範之國家祀祀主神的開始。
	乾隆四十一年 （1776）	北京	頒詔「所有《（三國）志》內關帝之謚，應該為『忠義』。第本傳相沿已久，民間所行必廣，慮難以更易。著武英殿將此旨刊載傳本。用垂久遠。其官版及內府陳設書籍，並著改刊，此旨一體增入。」

時期	朝代～年代	地點	事件
清	咸豐四年 （1854）	北京	頒詔更定關廟祭禮，「（原）跪拜禮節，僅行二跪六叩，雖係照中祀例，然滿洲舊俗於祭神時俱行九叩禮，嗣後親詣致祭，亦朱定為三跪九叩禮，用伸虔恪之誠。」此與祭孔規格已全然相同，封爵則過之。僅因時值太平軍亂，未能按工部造圖，鼎革各地官修關帝廟。
民國	民國三年 （1914）	北京	大總統袁世凱「允陸海軍部之請，特將關帝及岳王合祀武廟。凡有軍人宣誓的大典，均在武廟行禮。」
	民國十七年 （1928）	南京	北伐成功，國民政府宣布廢除武廟祭祀。
	民國二十七年 （1938）	北京	日偽政權宣布恢復武成王祭祀，以關羽等為陪祀。

再版後記

　　山西是關雲長故里，民間相傳關夫人姓胡，先父胡小偉先生開玩笑說自己是關公親戚，雖為戲言，實存深意。於是在山西出版傳媒集團・北嶽文藝出版社推動下，有了二〇〇九年出版的《關公崇拜溯源》上下冊六十萬字，也即開創關公文化學的里程碑著作、五卷本兩百五十萬字的《中國文化史系列・關公信仰研究》的簡明本。

　　二〇一四年父親猝逝，沒能看到自己念念不忘的二〇二〇年關公大義歸天一千八百週年之際全球信眾共懷英雄的盛況。然而關公信仰仍在人心，不斷有人尋求關公研究的權威著作，因此有了本書的再版提議。此次修訂始自二〇一九年年底，逐一核對書中古今中外文獻出處，訂正各種訛誤，儘管如此，仍不排除有疏漏之處。有識者認為胡先生開創的是一門新的學科，即關公學。既然屬於學術研究，必然需要研磨切磋才能發展，還望讀者不吝指正。

　　借此機會向決策再版的幾任主編致謝！編輯樊敏毓老師即將退休，把此書作為告別職業生涯的紀念並付出很大精力。北嶽社的老編輯王靈善先生通校了全稿。審校者席香妮老師是先父母多年好友，以深厚的感情嚴格要求。遺憾的是初版責編胡曉青老師已故，未能得知再版的好消息，深為痛惜。此次再版，承蒙先父好友毛佩琦先生賜序，為我們講述那一代知識分子的共同追求，親切感人。此次修訂盡量替換了較清晰的

插圖，提供者有運城關帝廟和在線古籍公益圖書館「書格」（http://new.shuge.org），一併鳴謝。

胡泊

時在辛丑小雪

於京華瞰山室

關公崇拜溯源：

從蜀國名將到關聖帝君，所謂「神蹟」是演義虛構還是真有其事？

作　　者：胡小偉

發 行 人：黃振庭

出 版 者：崧燁文化事業有限公司

發 行 者：崧燁文化事業有限公司

E-mail：sonbookservice@gmail.com

粉 絲 頁：https://www.facebook.com/
　　　　　sonbookss/

網　　址：https://sonbook.net/

地　　址：台北市中正區重慶南路一段六十一號八
　　　　　樓 815 室

Rm. 815, 8F., No.61, Sec. 1, Chongqing S. Rd.,
Zhongzheng Dist., Taipei City 100, Taiwan

電　　話：(02)2370-3310

傳　　真：(02)2388-1990

印　　刷：京峯數位服務有限公司

律師顧問：廣華律師事務所 張珮琦律師

國家圖書館出版品預行編目資料

關公崇拜溯源：從蜀國名將到關聖帝
君，所謂「神蹟」是演義虛構還是
真有其事？ / 胡小偉 著 . -- 第一版 .
-- 臺北市：崧燁文化事業有限公司，
2023.08
面；　公分
POD 版
ISBN 978-626-357-447-2(平裝)
1.CST: (三 國) 關 羽 2.CST:　傳 記
3.CST: 崇拜 4.CST: 文化研究
782.823　112008976

定　　價：299 元

發行日期：2023 年 08 月第一版

◎本書以 POD 印製
Design Assets from Freepik.com

電子書購買

臉書